LA VIE PRIVÉE
D'AUTREFOIS

ARTS ET MÉTIERS

MODES, MŒURS, USAGES DES PARISIENS

DU XIIe AU XVIIIe SIÈCLE

D'APRÈS DES DOCUMENTS ORIGINAUX OU INÉDITS

PAR

ALFRED FRANKLIN

VARIÉTÉS CHIRURGICALES

PARIS

LIBRAIRIE PLON

E. PLON, NOURRIT ET Cie, IMPRIMEURS-ÉDITEURS

RUE GARANCIÈRE, 10

1894

LA VIE PRIVÉE

D'AUTREFOIS

Ce volume a été déposé au ministère de l'intérieur (section de la librairie) en novembre 1893.

LA VIE PRIVÉE D'AUTREFOIS

VOLUMES PARUS :

Les soins de toilette. Le savoir-vivre......... 1 vol.

L'annonce et la réclame. Les cris de Paris.... 1 vol.

La cuisine............................ 1 vol.

La mesure du temps : clepsydres, horloges, montres, pendules, calendrier............ 1 vol.

Comment on devenait patron : histoire des corporations ouvrières...................... 1 vol.

Ouvrage couronné par l'Institut (Académie des Sciences morales et politiques.)

Les repas. La civilité de la table............ 1 vol.

L'hygiène : état des rues, égouts, voiries, fosses d'aisances, épidémies, cimetières.... 1 vol.

Variétés gastronomiques : la salle à manger et le couvert. L'heure des repas. Jeûnes et abstinences. Louis XIV à table. Les cure-dents.............................. 1 vol.

Les apothicaires et les médicaments......... 1 vol.

Écoles et collèges : l'instruction primaire, l'instruction secondaire et la corporation des écrivains............................ 1 vol.

Ouvrage couronné par l'Institut (Académie française.)

Les médecins.......................... 1 vol.

Les chirurgiens........................ 1 vol.

Le café, le thé et le chocolat............... 1 vol.

Les magasins de nouveautés.............. 1 vol.

PARIS. TYP. DE E. PLON, NOURRIT ET Cie, RUE GARANCIÈRE, 8.

TABLE DES SOMMAIRES

LA SAIGNÉE

LA CHIRURGIE A L'HOTEL-DIEU

SAGES-FEMMES ET ACCOUCHEURS

I

II

LES OPÉRATEURS

I

LES DENTS ET LES DENTISTES.

II

LA PIERRE ET LES HERNIES

III

CHATREURS, RENOUEURS, OCULISTES ET PÉDICURES

ÉTABLISSEMENTS HOSPITALIERS DE PARIS

A LA FIN DU DIX-HUITIÈME SIÈCLE.

I

HOPITAUX

II

HOSPICES

ÉCLAIRCISSEMENTS.

LA

VIE PRIVÉE D'AUTREFOIS

VARIÉTÉS CHIRURGICALES

LA SAIGNÉE. — LA CHIRURGIE A L'HÔTEL-DIEU. — SAGES-FEMMES ET ACCOUCHEURS. — LES DENTS ET LES DENTISTES. — LA PIERRE ET LES HERNIES. — CHATREURS, RENOUEURS, OCULISTES, PÉDICURES. — ÉTABLISSEMENTS HOSPITALIERS A LA FIN DU DIX-HUITIÈME SIÈCLE.

LA SAIGNÉE

Origine de la saignée. — La saignée et le *Livre des métiers*. — La saignée mutuelle, témoignage d'affection. — La saignée employée comme punition. — La saignée dans les couvents. — Des laïques y prennent part. — *La fréquente saignée.* — Leonardo Botalli. — Plus on tire de sang, plus il s'en forme. — Les ventouses. — Abus de la saignée. — A. Paré, Le Moyne et Bouvard. — Gui Patin fait saigner des enfants de trois jours et des vieillards de quatre-vingts ans. — La saignée dans la variole et durant la grossesse. — Les adversaires de la fréquente saignée. — Pourquoi elle est indispensable aux Parisiens. — Les trente-sept veines saignables. — La nasale et la salvatelle. — Superstitions relatives à la première saignée, à la saignée du 1er mai. — Difficulté de la saignée. — Privilèges du chirurgien qui pratiquait une saignée. — Comment on opérait. — La fréquente saignée reste en honneur jusqu'à la Révolution.

Nous sommes aussi avares de notre sang que nos pères en étaient prodigues. Pour eux, la saignée constituait une sorte de panacée qui, non seulement guérissait, mais aussi prévenait à peu près tous les maux.

Il est probable que le soulagement produit par les hémorragies spontanées, épistaxis, hémorroïdes, etc., a fourni la première idée de la saignée. Le docteur L. Guyon[1] prétendait cependant que cette opération avait été suggérée à l'homme par les sangsues : comme, ajoute-t-il, on n'en pouvait trouver en hiver, les médecins y suppléèrent au moyen de la phlébotomie[2].

Elle fut bien vite regardée comme une nécessité hygiénique à laquelle personne ne devait se soustraire. Au treizième siècle, le *Livre des métiers* la cite parmi les causes qui dispensaient bourgeois et ouvriers de faire le service du guet : « Nus[3] qui ait passé LX ans,

[1] Mort en 1630.

[2] *Diverses leçons*, t. I, p. 755.

[3] Nuls.

ne cil aus quex leur fames gisent d'enfant, tant come elles gisent, ne nul qui soit sainiez[1], se il n'a esté semons ançois que il se feist sainnier[2], ne doivent point de guait[3]. »

On se faisait saigner à propos de rien et à propos de tout. Parfois pour mêler son sang à celui d'un ami, d'un frère d'armes, d'une maîtresse, en témoignage de profonde et éternelle affection. C'est ainsi que Duguesclin et Olivier de Clisson se firent saigner ensemble lorsqu'ils conclurent le pacte de Pontorson[4]. Parfois encore, on employait la phlébotomie comme châtiment. *Le ménagier de Paris*[5] raconte qu'un bourgeois, mécontent de sa femme, appela un barbier et la fit saigner. On commença par chauffer le bras, afin d'y attirer le sang : « Il mande le barbier et fait faire le feu... Lors luy fait eschauffer le bras dextre au feu, et quant il fut eschauffé, si la fist saigner[6]. »

[1] Saigné.

[2] S'il n'a été convoqué avant qu'il se soit fait saigner.

[3] *Statuts des fripiers*, tit. LXXVI, art. 33. — Voy. encore tit. VIII, art. 7; tit. XVII, art. 16, etc.

[4] En 1370. — Voy. Sim. Luce, *Histoire de Duguesclin*, t. I, p. 71.

[5] Écrit vers 1393.

[6] Tome I, p. 164.

Dans les couvents, la saignée était pratiquée périodiquement sur tout le personnel de la maison. L'opération avait lieu, en été après none, en hiver après vêpres. Pendant les trois jours qui suivaient, la nourriture de la communauté était un peu augmentée, les religieux restaient assis et couverts pendant les offices, se recouchaient après matines, etc. Dom Calmet fait remarquer que « ce n'étoit pas là une mortification, puisqu'au contraire c'étoit une sorte de délassement, et que l'habitude prise on ne pouvoit plus s'en passer[1]. » Ces époques de saignées générales étaient nommées *jours malades* ou *jours de la minution du sang*. A Saint-Victor de Paris, il y avait chaque année cinq saignées générales[2] :

1° En septembre.
2° A l'entrée de l'Avent.
3° Avant la Quadragésime.
4° Après Pâques.
5° Après la Pentecôte[3].

La saignée avait lieu chaque année :

Chez les Augustins, quatre fois.
Chez les Camaldules, trois fois.

[1] *Commentaire sur la règle de saint Benoît*, t. I, p. 570.
[2] « Quinquies in anno fient generales minutiones. »
[3] Voy. le *Glossaire* de Ducange, v° *minuere*.

Chez les Carmes, quatre fois.
Chez les Chartreux, cinq fois.
Chez les Dominicains, quatre fois.
Chez les Prémontrés, cinq fois[1].

Les supérieurs des communautés religieuses espéraient par ce moyen faciliter au clergé régulier l'observation du vœu de chasteté, et surtout plier plus facilement au joug d'une règle austère des hommes dans toute la force de l'âge.

Le *minutor* chargé de l'opération comptait aussi des laïcs parmi ses clients, car bien des gens voulaient s'associer à la cérémonie, et pour y prendre part se retiraient dans quelque couvent. On a vu des seigneurs, fondant un monastère, se réserver ce droit pour eux, leur femme, leurs enfants et leurs domestiques[2].

Tout ceci n'est rien, si on le compare à l'effroyable abus qui fut fait de la saignée depuis le seizième siècle. Paris semble alors devenu un champ de bataille, où luttent à

[1] Dom Calmet, t. I, p. 569. — A. Corradi, *Della minutio sanguinis et dei salassi periodici memoria*. 1887, in-4°.

[2] « Poteramus minutiones nobis ter in annis singulis celebrare, et ibidem per tres dies continuos in singulis minutionibus immorari cum uxore nostra et familia et gente. » Ducange, v° *minuere*.

forces presque égales les malades et les médecins. Ceux-ci, l'âme tranquille et le cœur léger, souriants et calmes, sans autres armes que quelques mots latins sur une feuille de papier, se mettent à répandre des torrents de sang. Ils ne daignent pas opérer eux-mêmes [1], mais les chirurgiens sont là, complices prêts à agir. Par bonheur, médecins et chirurgiens avaient affaire à forte partie, car s'il leur prenait fantaisie de renouveler aujourd'hui ces exploits, s'ils rencontraient comme jadis des victimes soumises et obéissantes, Paris serait bientôt dépeuplé.

La Faculté purgeait ses malades à outrance quand parut Leonardo Botalli, un Piémontais, très habile homme, qui fut médecin de Charles IX et de Henri III. Hardiment, il préconisa la saignée, mais la saignée à tort et à travers, sans remords, sans mesure et sans merci, ne respectant ni le sexe ni l'âge, ni l'enfant à la mamelle [2], ni le vieillard cacochyme [3]. Aucun doute, aucune hésitation : les

[1] Voy. *Les chirurgiens*. — La gravure que je reproduis ci-contre nous fournit le costume d'un médecin, d'un chirurgien et d'un apprenti chirurgien au XVIe siècle.

[2] Nous verrons tout à l'heure Gui Patin saigner un enfant de trois jours.

[3] Nous verrons tout à l'heure Gui Patin saigner onze fois en six jours un vieillard de quatre-vingts ans.

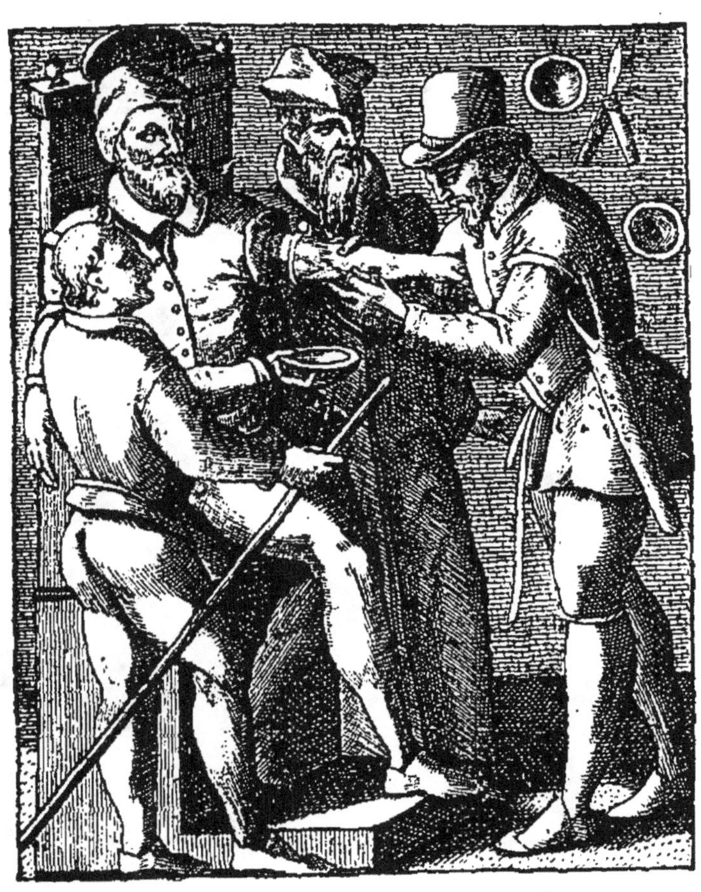

D'après Jacques Guillemeau, *Chirurgie françoise*.
1594, in-folio.

jeunes gens vigoureux et bien portants doivent être saignés tous les mois, les vieux barbons de quatre à six fois l'an. Rien à craindre dans aucun cas : le corps humain contient vingt-quatre livres de sang et l'on peut en perdre vingt sans mourir, on se tient donc dans une limite raisonnable dès qu'on en laisse un peu au patient. L'avocat Étienne Pasquier, qui avait plaidé pour Botalli, lui demandait un jour s'il ne craignait pas d'affaiblir ses malades en leur enlevant tant de sang. Bien au contraire, repartit Botalli, « plus on tire de l'eau croupie d'un puits, plus il en revient de bonne; plus la nourrice est tettée par son enfant, plus elle a de lait; le semblable en est du sang et de la saignée[1]. » Laurent Joubert, médecin de Henri III et du roi de Navarre, partage cette doctrine :

Or, dit-il, quand on est phlébotomé, si on voit sortir du mauvais sang, il se faut persuader que le meilleur demeure dans le corps et se resjouyt de telle vuidange. Si le vuidé est beau, croyez que le demeurant est encore plus louable, et que cela y estoit de superflu. Quelqu'un pourroit juger que ce moyen de curation est contre le devoir de nature, laquelle a soin de conserver le sang comme un sien

[1] *Œuvres*, t. II, p. 586.

thrésor. Auquel nous répondrons que c'est elle mesme qui nous a enseigné qu'il faut en plusieurs maux user de ce remède. Car le flus de sang menstrual aux femelles nous monstre évidemment que l'abondance peut estre dommageable si elle n'est tantost évacuée [1].

La Faculté commença par condamner Botalli. Elle le glorifia ensuite, et à ceux qui lui reprochaient d'être ennemie du progrès, elle répondait fièrement : « N'avons-nous pas découvert *la fréquente saignée!* » Je regrette d'avoir à dire que Paré se montra favorable à cette innovation. Lui-même raconte qu'il saigna vingt-sept fois en quatre jours un jeune homme de vingt-huit ans : « or, j'ay bien voulu, ajoute-t-il, réciter cette histoire, afin que le jeune chirurgien ne soit timide à tirer du sang aux grandes inflammations [2]. » Il était d'usage alors de se faire ventouser chaque fois que l'on se baignait, et Montaigne, qui visita les bains de Bade en 1580, nous rapporte que les baigneurs « s'y faisoient corneter [3] et seigner si fort que les deux beings publics sembloient parfois estre de pur sang [4]. »

[1] *Erreurs populaires*, édit. de 1608, 2e partie, p. 153.
[2] *Œuvres*, édit. de 1607, p. 357.
[3] Ventouser.
[4] *Voyages*, édit de 1774, p. 27.

Petit à petit, la doctrine se développe et se généralise. Le chirurgien A. de Corbye écrit en 1590 : « Maintenant, nous seignons des enfans à trois et avant trois ans, voire réitérer la seignée avec heureuse issue ; et les hommes de quatre-vingts ans la portent fort bien [1]. » En 1609, le médecin Le Moyne avoue, il se vante sans doute, qu'il a en quinze mois tiré douze cents palettes de sang à une jeune fille [2]. La palette de Paris représentait trois onces au moins [3], Le Moyne enleva donc 225 livres de sang à sa cliente, qui, d'après la théorie alors admise, aurait renouvelé entièrement son sang plus de neuf fois en quinze mois. Louis XIII, que son médecin Bouvard fit saigner quarante-sept fois en un an [4], n'avait donc pas le droit de se plaindre.

La saignée atteint son apogée avec Gui Patin. Je vais parcourir sa correspondance, et la citer textuellement pour bien prouver que je n'exagère point. On ne saurait mettre en

[1] *Les fleurs de chirurgie*, p. 143.

[2] Voy. Lestoile, *Journal de Henri IV*, 26 septembre 1609, édit. Michaud, t. XV, p. 537.

[3] A. Paré, *OEuvres*, p. 357. — Dionis, *Opérations de chirurgie*, p. 555.

[4] Amelot de la Houssaye, *Mémoires historiques*, t. I, p. 518.

doute les faits qui vont suivre et qui sont racontés au jour le jour par le célèbre doyen de la Faculté de Paris.

14 *mai* 1639. — M. Mantel a été fort malade d'une fièvre continue, pour laquelle nous l'avons fait saigner trente-deux fois : il est parfaitement guéri, dont je loue Dieu.

Jacques Mentel, docte médecin, mourut en 1671. Il survécut donc trente-deux ans à ses trente-deux saignées.

M. le docteur Réveillé-Parise, qui a donné une détestable édition des lettres de Gui Patin, la moins mauvaise que l'on ait pourtant, met en note à la suite du passage relatif à Mentel : « Certainement il faut en louer Dieu, car on peut assurer qu'un malade qui a résisté à trente-deux saignées avait un tempérament inconnu de nos jours aux physiologistes. »

18 *janvier* 1644. — Un de mes petits garçons, âgé de trois mois, ayant été mal à propos porté dans la rue durant le grand froid par sa nourrice, en prit un tel rhume et une telle toux que cinq semaines durant il en pensa étouffer. Quand la toux lui prenoit, c'étoit un accès à supporter de demi-heure ou de trois quarts d'heure, en toussant perpétuellement sans aucun relâche : il me sembloit à toute heure qu'il s'en alloit étouffer. Deux saignées et force lavemens le garantirent. Il est

aujourd'hui un des plus forts de mes cinq petits garçons, sine ulla noxa pulmonis.

16 *avril* 1645. — M. Cousinot, qui est aujourd'hui premier médecin du Roi, fut attaqué d'un violent rhumatisme, pour lequel il fut saigné soixante-quatre fois en huit mois, par ordre de M. son père et de M. Bouvard son beau-père. Après avoir été tant de fois saigné, on commença à le purger, dont il fut fort soulagé, et en guérit à la fin.

J'ai autrefois traité un jeune gentilhomme âgé de sept ans, qui tomba dans une grande pleurésie pour s'être trop échauffé à jouer à la paume. Son tuteur haïssoit fort la saignée, et je ne pus opposer à cette haine qu'un bon conseil, qui fut d'appeler deux de nos anciens, MM. Séguin et Cousinot. Il fut saigné treize fois, et fut guéri en quinze jours.

10 *mars* 1648. — Depuis ma dernière lettre, un méchant rhume m'a tant pressé qu'enfin il m'a fallu tout quitter et me mettre au lit, où j'ai été saigné sept fois.

On voit que Patin, conséquent avec lui-même, ne s'épargnait pas à l'occasion.

16 *janvier* 1650. — Veslingius [1] est mort en douze jours d'une fièvre continue, âgé de quarante-huit ans, pour n'avoir été saigné que deux fois fort petites le dernier jour d'août : voilà de nos saignées d'Italie.

En ce temps-là, mon fils aîné [2] étoit ici fort ma-

[1] Jean Vesling, professeur d'anatomie à Padoue.

[2] Il avait alors vingt ans et demi.

lade ; mais je l'ai retiré du mauvais pas d'une fièvre continue, par le moyen de vingt bonnes saignées des bras et des pieds, avec pour le moins une douzaine de bonnes médecines de casse, sené et sirop de roses pâles.

4 février 1650. — Mon beau-père a pensé mourir ce dernier mois de janvier. En cette dernière attaque, il a été saigné huit fois des bras, et chaque fois je lui ait fait tirer neuf onces, quoiqu'il ait quatre-vingts ans. Il avait une inflammation de poumon avec délire. Après les saignées, je l'ai purgé quatre bonnes fois.

7 mars 1651. — Je me fais saigner cinq ou six fois l'an, et prends autant de médecines.

Nos pères se faisaient ainsi tirer du sang de temps en temps. C'est ce que l'on nommait *saignées de précaution.*

2 novembre 1655. — J'ai depuis trois semaines traité ici un gentilhomme du Languedoc, d'une très cruelle et très mauvaise petite-vérole, âgé de dix-huit ans. Il a été saigné dix bonnes fois... Il dit qu'il sera quelque jour président en son pays, et qu'il ordonnera aux médecins de Toulouse de faire saigner leurs enfans et ceux d'autrui dans la petite-vérole.

19 mai 1657. — Tous les rhumes sont passés, il ne reste ici que la rougeole, où la saignée fait merveilles.

20 juillet 1658. — Le Roi est tombé malade à Mardick, d'où il a été mené à Calais. Ses médecins sont Guénaut, Vallot et d'Aquin. Dès le commencement du mal, le Roi n'ayant encore été saigné qu'une fois, il y eut dispute entre Vallot et un autre médecin de la Cour touchant la saignée. Vallot disoit qu'il ne falloit point saigner, l'autre pressoit de le faire. On appela pour arbitre un tiers, qui est un médecin d'Abbeville, où on l'alla quérir, nommé M. du Sausoy, qui fut d'avis que le Roi devoit être saigné. Vallot trouva mauvais cette opposition, et lui dit qu'il étoit bien hardi. M. du Sausoy lui répondit : « Monsieur, je vous connois bien ; le Roi a besoin d'être saigné et le doit être ; si vous ne trouvez pas bon mon avis, je ne m'en soucie pas, non plus que je ne vous tiens point capable de juger ce différend [1]. » Le Roi fut saigné. On l'a saigné neuf fois en tout.

Louis XIV avait alors vingt ans.

27 *août* 1658. — Nous guérissons nos malades après quatre-vingts ans par la saignée, et nous saignons aussi fort heureusement les enfans de deux et trois mois sans aucun inconvénient... Il n'y a pas de femme à Paris qui ne veuille bien croire à la saignée, et que son enfant soit saigné dans la fièvre, à la petite-vérole, ou à la rougeole, ou aux dents, ou aux convulsions.

27 *mai* 1659. — Notre bon M. Baralis [2] a été saigné onze fois en six jours, cela a empêché la suffo-

[1] Il est probable que Patin se montre ici un peu partial en faveur du champion de la saignée.

[2] Médecin attaché à la Cour. Il mourut l'année même, âgé de quatre-vingt-un ans. Voy. une lettre du 9 juin.

cation, mais il est en grand danger de n'en pouvoir échapper : une fièvre continue, un méchant poumon et quatre-vingts ans sont tous signes qui m'en laissent un soupçon fort funeste.

14 *juin* 1659. — M. Petitpied, avocat très célèbre, a été fort malade d'une inflammation du poumon, pour laquelle il a été saigné dix-sept fois ; mais il se porte mieux. S'il avoit été traité par quelque charlatan, on lui auroit épargné *le trésor de la vie*, on lui auroit donné des petits grains ou du laudanum, et il seroit mort. Nous avons ici quantité de fièvres continues, avec douleurs de côté, crachemens de sang, pleurésie et inflammation du poumon. Ils ne sont soulagés que par la saignée ; car ce n'est pas du sang qu'on leur tire, ce n'est que de la boue.

28 *octobre* 1659. — Quelques étrangers blâment nos fréquentes saignées, qui n'en savent ni la cause, ni le fruit, non pas même la nécessité. Si nous saignons trop, qu'ils nous donnent le moyen de nous abstenir, et nous disent quel autre remède peut être mis en usage au lieu de la saignée.

24 *mai* 1661. — M. Courtois [1] commencera demain à se lever et à mettre le pied hors du lit. Il l'a échappé belle, moyennant dix-huit saignées et vingt purgations.

Le pauvre homme n'en avait pas fini avec ses confrères.

3 *juin* 1661. — Enfin M. Courtois est guéri ; je

[1] Médecin à Paris.

ne l'irai plus voir qu'en passant. Il a été saigné en tout vingt-deux fois et purgé environ quarante fois.

19 *janvier* 1663. — J'ai fait saigner autrefois un enfant de trois jours [1] pour un érysipèle qu'il avoit à la gorge. Il est encore vivant, âgé de trente-cinq ans. Il est capitaine de Dunkerque. C'est le fils de Madame Choart.

J'ai fait saigner le fils de M. Lambert de Torigny le soixante-deuxième jour de sa vie, qui a aujourd'hui dix ans.

L'application des remèdes dans un âge si tendre demande beaucoup de jugement.

14 *novembre* 1664. — La reine-mère fut saignée du pied il y a quelques jours, sans être autrement malade. Elle a soixante-deux ans passés.

30 *juin* 1665. — J'ai vu depuis peu en consulte un gentilhomme breton, âgé de dix-neuf ans, naturellement fort dévot, qui devint dans peu de jours mélancolique, et à cette mélancolie succéda une espèce de manie, avec une fièvre continue et convulsions effroyables... Pour tout cela, il fut saigné des bras et des pieds jusqu'à vingt-deux fois; il fut purgé de plus de vingt lavemens et d'environ trente apozèmes purgatifs. Il est tout à fait guéri et remis en son bon sens.

6 *novembre* 1669. — Nous avons ici quelques petites-véroles et quantité de rougeoles. A l'une et à l'autre, la saignée, faite dans le commencement, est d'un grand secours pour prévenir l'inflamma-

[1] Il faut bien lire : *trois jours*.

tion érysipélateuse du poumon, qui est mortelle.

Dans tout ceci, Patin célèbre ses victoires et néglige ses défaites; il note les gens qu'il a guéris, oublie ceux qu'il a tués. Bien que la constitution des Parisiens fût certainement fort différente au dix-septième siècle de ce qu'elle est aujourd'hui, la fréquente saignée ne réussissait pas sur tout le monde. Mme de Sévigné, qui venait de perdre le chevalier de Grignan, mort de la petite vérole, écrivait le 10 février 1672 : « Il a été rudement saigné; il résista à la dernière qui fut la onzième, mais les médecins l'emportèrent[1]. » Dans ce cas particulier, entre bien d'autres, les succès étaient rares. On prétend que Chirac, médecin du Régent, s'écria un jour : « Petite vérole, tu as beau faire, je t'accoutumerai à la saignée! » Elle ne se laissa pas du tout convaincre, et c'était là un des points faibles de la doctrine : ses adversaires le savaient bien.

Car elle avait quelques adversaires. Avant que la Faculté l'eût adoptée, Ph. Guybert, converti depuis, donnait un libre cours à son indignation : « Les cheveux me dressent sur la teste, proclamait-il, d'avoir veu tant de sai-

[1] Tome II, p. 494.

gnées réitérées, et menant au tombeau des personnes de toutes qualitez[1]. » Gui de la Brosse, médecin de Louis XIII, resta toujours rebelle. Même son incrédulité le perdit, s'il faut en croire Patin, qui ne pardonnait guère : « Comme on lui parla d'être saigné, écrit-il, il répondit que c'étoit le remède des pédants sanguinaires (il nous faisoit l'honneur de nous appeler ainsi), et qu'il aimoit mieux mourir que d'être saigné : aussi a-t-il fait. Le diable le saignera dans l'autre monde[2]. »

Comme on l'a vu, la purgation à outrance avait conservé des adeptes. Louis XIV en fit assez l'expérience[3], et la Dauphine fut purgée vingt-deux fois en deux mois[4]. On hésitait à purger les femmes enceintes, mais un médecin prudent les faisait saigner trois fois au moins pendant leur grossesse[5] ; souvent beaucoup plus. Le célèbre accoucheur Mauriceau écrivait : « M. Jamot, mon confrère, m'a dit avoir saigné une femme quarante-huit fois durant le cours d'une seule grossesse, sçavoir :

[1] *Advis salutaire sur la saignée*, 1639, in-8°, p. 619.

[2] *Lettre* du 4 septembre 1641.

[3] Voy. le *Journal de la santé*, passim, et *Les médecins*, p. 177 et suiv.

[4] Dionis, p. 662.

[5] Voy. ci-dessous, p. 97.

quarante-cinq fois du bras, deux fois du pied et une fois de la gorge [1]. »

Aux yeux de Gui Patin, la saignée, précieuse dans tous les cas, était absolument indispensable aux Parisiens. Écoutons-le :

16 *avril* 1645. — Nos Parisiens font peu d'exercice, boivent et mangent beaucoup, et deviennent fort pléthoriques. En cet état, ils ne sont presque jamais soulagés de quelque mal qui leur vienne, si la saignée ne marche devant, puissamment et copieusement.

28 *octobre* 1659. — Pour la fréquente saignée qui se fait à Paris, on n'a que faire de s'en prendre à nous; nous ne sommes pas la cause des maux qui se font dans le monde; nous ne saurions faire autrement. C'est la débauche qui est universelle et la trop bonne chère qu'on y fait qui nous y oblige.

31 *août* 1660. — Pour la saignée, on ne s'en peut passer à cause des débauches et de la bonne chère où l'on s'abandonne dans les grandes villes comme Paris et Lyon.

C'était encore, un demi-siècle après, l'avis du chirurgien Dionis :

Il est facile de répondre à ceux qui s'étonnent de ce qu'on saigne plus en France, et particulièrement à Paris, qu'en aucun autre lieu de l'univers : c'est parce qu'on y fait plus de sang, le climat étant plus tempéré, l'air plus épais et la nourriture meil-

[1] *Traité des maladies des femmes grosses*, 2e édit., p. 123.

leure. La grande dissipation qu'on fait dans les pays chauds s'oppose à la saignée, et le besoin qu'on a de conserver sa chaleur naturelle dans les pays froids la défend... On fait si bonne chère à Paris et on y a inventé tant de nouveaux ragoûts pour exciter l'appétit, qu'il ne faut pas être surpris si on y fait plus de sang qu'ailleurs[1].

Heureusement pour ces Parisiens si intempérants, les chirurgiens avaient découvert qu'il existait dans le corps humain quarante-sept veines saignables. Voici le nom et la spécialité de chacune d'elles :

QUINZE A LA TÊTE :

1 *frontale* ou *preparate*, au milieu du front.

La saignée en était indiquée pour les céphalalgies siégeant au derrière de la tête.

1 *vena puppis*, à l'occiput.

On ordonnait cette saignée contre les céphalalgies siégeant au devant de la tête.

2 *temporales*, près des tempes.

Contre les maux d'yeux et les maux d'oreilles.

2 *auriculaires*, derrière les oreilles.

Contre la surdité et les ulcères des oreilles.

2 *angulaires* ou *oculaires*, à l'angle des yeux, près du nez.

Contre les maladies des yeux et des paupières.

1 *nasale*, entre les deux cartilages qui se réunissent au milieu du nez.

[1] *Cours d'opérations de chirurgie*, édit. de 1714, p. 551.

Contre les pesanteurs de tête, les fluxions des yeux et des paupières.

Cette veine est très fine et sa situation la rend invisible. La saignée de la nasale passait donc avec raison pour très difficile, aussi était-ce une des épreuves souvent exigées à Saint-Côme des candidats à la maîtrise.

2 *labières*, aux lèvres.

Contre les maladies de la bouche et les ulcères du visage.

2 *ranulaires* ou *ranules*, sous la langue, près du filet.

Contre l'esquinancie et l'inflammation des amygdales.

2 *jugulaires*, au cou.

Contre l'esquinancie et les maladies du gosier.

Dix aux bras :

2 *céphaliques*, *humérales* ou *épaulières*.

Contre les douleurs de la tête, de la gorge et des oreilles.

2 *basiliques*, *hépatiques*, *aisselières* ou *axillaires*.

Contre les obstructions du foie.

2 *médianes*.

Contre toutes les maladies.

2 *radiales*, au côté externe de l'avant-bras.

2 *cubitales*, au coude.

Six aux mains :

2 *céphaliques* ou *oculaires*, entre le pouce et l'index.

Contre les douleurs de tête et les maladies des yeux.

2 *médianes, noires* ou *communes*, le long du médius.

Elles servaient à défaut des quatre autres.

2 *salvatelles*, sur le dos de la main entre le petit doigt et l'annulaire.

La salvatelle jouissait d'une grande réputation. Elle tirait son nom du mot latin *salvatio*, qui signifie *salut*, et bien des gens ont cru devoir le leur à cette saignée. Dans la chiromancie, longtemps respectée en médecine, la salvatelle répondait au foie, à la rate, aux reins et aux poumons; aussi en la saignant, se figurait-on rendre la santé à ces organes.

Deux au ventre :

2 *iliaques*, sur les flancs.

Celle de droite contre l'hydropisie et les maladies du foie; celle de gauche contre les maladies de la rate.

Deux au siège :

2 *hémorroïdales*.

Contre les affections mélancoliques.

Deux aux jambes :

2 *poplitiques* ou *jarretières*, au pli du jarret.

Contre les maladies du bas ventre.

Dix aux pieds :

2 *saphènes*, près de la cheville, en dedans.

Contre les maladies des reins et des organes génitaux.

2 *sciatiques*, près de la cheville, en dehors.

Contre les sciatiques, les maladies des hanches et des cuisses.

2 *médianes* ou *rénales*, au cou-de-pied.
Même spécialité que la précédente.
2 *X*, entre l'orteil et le deuxième doigt.
2 *X*, entre le quatrième et le cinquième doigt.

On n'ouvrait pas indifféremment les veines portant le même nom; on utilisait celle de droite si le mal siégeait à droite et vice versa.

L'usage de la phlébotomie a enfanté de curieuses superstitions. La saignée du premier jour de mai passait pour la plus efficace de toutes, pour à peu près indispensable, même dans le meilleur état de santé. On était convaincu aussi que la première saignée pratiquée sur une personne lui sàuvait la vie dans tous les cas[1]. Comme le fait très sagement observer le chirurgien H.-E. Meurisse, cette croyance est beaucoup plus dangereuse que la précédente : « Bien des gens, écrit-il, négligent de se faire saigner dans le commencement de

[1] « Ils ont ferme opinion que la première saignée sauve la vie infailliblement. Il est bien vray (il faut ainsi parler) qu'on ne meurt jamais de la première : car si on mouroit ceste fois-là, on ne seroit plus saigné, et par conséquent telle saignée ne seroit proprement dicte première, ains unique : d'autant que premier est relatif au second et aux autres ensuyvans. Mais que la première sauve la vie, comme ayant plus de propriété, c'est un erreur desja fort descouvert par longue expérience qui enseigne le contraire. » Laurent Joubert, *Erreurs populaires*, 2e partie, p. 161.

leur maladie, disant qu'il faut réserver cette saignée pour les guérir lorsqu'ils seront à l'extrémité [1]. »

Avec raison, d'ailleurs, la saignée dont on abusait tant était regardée comme une opération délicate, et qui exigeait toute l'attention du chirurgien même le plus habile [2]. On lui accordait le droit de faire sortir de la pièce toute figure qui lui déplaisait. Dionis n'usait pas de ce privilège, et il s'en montre très fier :

S'il y avoit quelqu'un dans la chambre que le chirurgien ne crût pas de ses amis, il pourroit le faire sortir, parce qu'il ne faut pas qu'il ait pour spectateurs des gens qui pourroient l'inquiéter et le chagriner par leur présence. Autrefois, ils usoient de ce privilège, et un jour que M. Félix alloit saigner le Roy, il dit à l'huissier de faire sortir un des chirurgiens de quartier qui n'étoit pas de ses amis. Mais aujourd'huy cela ne se pratique plus. Toutes les fois que j'ai saigné madame la Dauphine ou quelqu'un des princes, la chambre étoit pleine

[1] *L'art de la saignée* (1738), p. 83.

[2] « De l'aveu de tous les chirurgiens, c'est l'opération la plus périlleuse, et celle qui leur donne le plus de sujets de mortification. Ils n'aspirent tous qu'à la quitter le plus tôt qu'ils le peuvent, et dès qu'ils sont venus à Paris dans la haute pratique, ils abandonnent avec joye la saignée, et ils croyent s'être tirez une grosse épine du pied. » Dionis, p. 574.

de monde, et même Monseigneur et les princesses se mettoient sous le rideau du lit sans que cela m'embarrassast [1].

Cette précaution n'empêcha pas Félix de couper l'artère à M. de Niel, premier valet de chambre du roi [2].

Avant d'opérer, on fermait les volets, de manière à produire dans la pièce une obscurité complète, et l'on se servait d'une chandelle ou d'une bougie pour voir la veine [3]. Quand on saignait le roi, la bougie était portée par le premier médecin, et le premier apothicaire tenait la palette, *la poëlette,* comme on disait alors. Autant que possible, on devait éviter que le malade vît son sang, et l'on avait toujours soin de lui mettre dans la main un bâton ou tout autre objet de forme ronde [4] :

[1] Dionis, p. 556.

[2] Mad. de Sévigné, *Lettre* du 12 octobre 1689, t. IX, p. 254.

[3] « Il y en a qui préfèrent la chandelle à la bougie, et qui disent pour raison que s'il tomboit de la cire sur le bras, elle feroit plus de douleur que le suif. Il y a trente-six ans que je fais des saignées à la Cour, je me suis toûjours servi de bougies, et jamais cet accident ne m'est arrivé. » Dionis, p. 554.

[4] « Le baston qu'on met à la main du malade (tant pour luy soustenir le bras que pour aider le coulement du sang en le contournant et serrant) doit estre rond, de moyenne grosseur, et aussi long qu'il sera besoin pour supporter le

On donnera au malade quelque chose de rond dans la main, qu'il luy faut faire tourner sans trop la serrer; il faut que ce soit par un mouvement réglé, qui puisse hâter le sang de se porter vers l'ouverture de la veine. Il y a quelques chirurgiens à Paris qui portent dans une poche faite exprès un bâton de la longueur d'un pied et demi garni de velours et même brodé. Ils le donnent à tenir au malade aussi-tôt que la piqueure est faite; ils prétendent que ce bâton n'est pas seulement pour le tourner dans la main, mais que le bout de ce bâton posant sur le lit sert à appuyer le bras du malade. Je n'ay point pratiqué cette galanterie, je me suis contenté de donner mon étuy, et même avant la saignée [1].

Au début du dix-huitième siècle, la doctrine de la fréquente saignée n'avait guère perdu de sa vogue. Le Sicilien Marana, visitant Paris vers 1700, écrivait : « Quand j'ai voulu assurer que jamais on ne m'avoit ouvert la veine, les chirurgiens de France n'ont pu me croire sans auparavant me voir nud [2]. » Tout était encore prétexte à saignée. Ainsi, au mois de juillet 1721, Louis XV, alors âgé de onze ans, ayant eu un accès de fièvre, on le « saigne du

bras, selon les diverses situations que l'on fera tenir au malade. » Pierre Heurtault (chirurgien), *Traicté de la phlébotomie*, 1622, in-18, p. 43.

[1] Dionis, p. 566

[2] *Lettres*, édit. Val. Dufour, p. 5.

bras à quatre heures après midi, et du pied à onze heures du soir[1]. » Les gens prudents se faisaient saigner sans besoin au moins deux fois l'an, au printemps et à l'automne, et Paris restait la ville du monde où la médecine répandait le plus de sang. La citation suivante date de 1738 :

La plus grande difficulté que messieurs les médecins de Paris ayent à surmonter en traitant les étrangers et les personnes de province qui ont besoin de leur secours, est de les persuader de la nécessité de la saignée autant de fois qu'ils jugent à propos de la leur ordonner... Les charlatans, qui sont en grand nombre à Paris, se déchainans sans cesse contre la saignée, pour s'élever au préjudice des véritables médecins, et vantans les remèdes dont ils se servent, qu'ils font passer pour noüveaux et extraordinaires, se succèdent les uns aux autres, et engagent insensiblement beaucoup de personnes de toutes sortes d'états, même d'ailleurs fort spirituelles, à se dégoûter de ce remède[2].

La fameux Hecquet, dont j'ai parlé ailleurs[3], resta jusqu'à la fin fidèle au principe qui avait guidé toute sa vie. Agé de soixante-seize ans, et depuis longtemps accablé d'infir-

[1] *Journal de Barbier*, 31 juillet 1721, t. I, p. 96.
[2] H.-E. Meurisse, *L'art de la saignée*, p. 35.
[3] *Variétés gastronomiques*, p. 153 et suiv.

mités, il se fit saigner trois fois dans les vingt-quatre heures qui précédèrent sa mort[1].

En somme, il faut arriver à la Révolution pour voir disparaître une pratique qui serait aujourd'hui regardée comme une monstruosité. Mercier pouvait dire, en 1782 : « Il n'y a plus que quelques chirurgiens de Saint-Côme, vieux et ignares, qui commandent encore ces saignées copieuses, ces horribles breuvages compliqués que nos pères avaloient, malgré la répugnance invincible de la nature[2]. »

[1] Niceron, *Mémoires pour servir à l'histoire des hommes illustres*, t. XLI, p. 98, et Dr Saucerotte, dans la *Nouvelle biographie générale*, t. XXIII, p. 713.

[2] *Tableau de Paris*, chap. CCCLVII.

LA CHIRURGIE A L'HOTEL-DIEU

Superficie de l'Hôtel-Dieu. — Nombre de fonctionnaires et de malades. — Volume d'air accordé à chaque malade. — Un malade, un agonisant et un mort dans le même lit. — La démolition de l'Hôtel-Dieu est décidée. — Projets pour sa reconstruction. — État de l'Hôtel-Dieu en 1786. — Rapport des commissaires délégués par l'académie des Sciences. — Chaque lit reçoit jusqu'à six malades. — Le sommeil y est impossible. — La gale y est en permanence. — Convalescents mêlés aux malades. — Toutes les affections confondues, même les contagieuses. — Paris infecté par l'Hôtel-Dieu. — Aucune épidémie pendant plus de cent ans. — État des salles destinées aux maladies chirurgicales. — Les opérations sont faites dans les salles, très peu réussissent. — Mortalité comparée de l'Hôtel-Dieu et d'autres hôpitaux. — La chirurgie à la Charité.

On sait quelles sont les conditions jugées aujourd'hui indispensables pour la réussite des opérations chirurgicales. Les antiseptiques jouent un grand rôle avant, pendant et après. Tout ce qui pourrait se trouver en contact avec de la plaie est soumis à une scrupuleuse désinfection. Personne ne doit approcher le malade avec des vêtements qui ont été portés dans une salle d'autopsie ou de dissection. Les mains de l'opérateur et de ses aides subissent, pendant trois minutes, avec de l'eau chaude, du savon et une brosse, un lavage à fond, suivi d'un second lavage à l'eau phéniquée. Les instruments simples sont lavés à l'éther, puis plongés dans une solution phéniquée, où on les replace dès que l'opérateur les quitte. Les instruments compliqués sont immergés dans un bain d'huile chauffée à 130 degrés. Le malade doit être placé dans une salle vaste et bien aérée; pour certaines opérations graves, l'ovariotomie par exemple, on fait enlever de la pièce les meubles, les rideaux, tous les objets susceptibles de recéler un grain de poussière. Enfin, on veut surtout que l'opéré soit isolé, éloigné d'autres malades, mis à l'abri de toute influence, de tout germe morbide.

Voyons comment ces conditions se trouvaient satisfaites à l'Hôtel-Dieu, le plus considérable des hôpitaux de Paris, celui où étaient pratiquées le plus d'opérations.

L'Hôtel-Dieu occupait une superficie d'environ 13,660 mètres carrés. Dans cet espace on logea parfois, outre le nombreux personnel de service, jusqu'à 4,800 malades. De 1740 à 1752, ce nombre varia entre 3 et

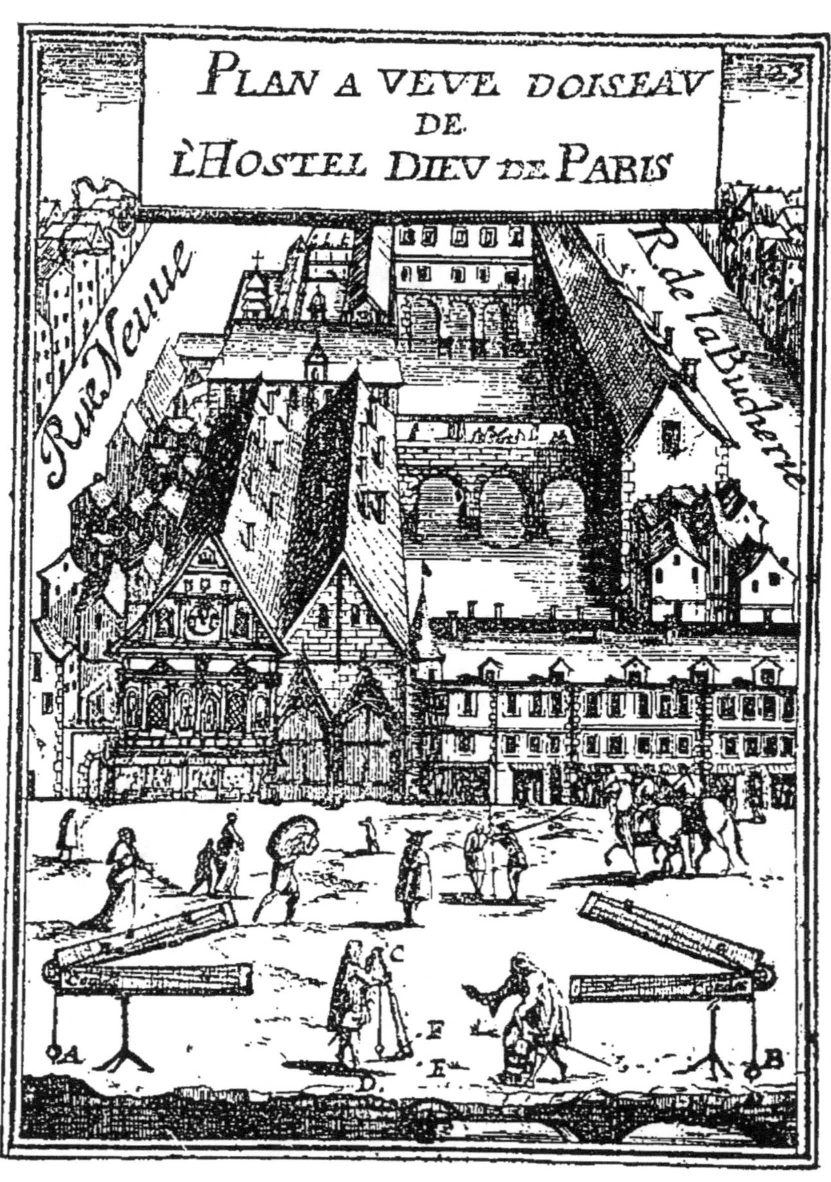

D'après Manesson Mallet. — Dix-septième siècle.

4,000; il descendit ensuite à 3,500, et, dans les dernières années du dix-huitième siècle, l'on comptait en moyenne à l'Hôtel-Dieu 470 fonctionnaires de tout ordre et 2,500 malades. Mais le corps de logis situé sur la place du Parvis était réservé à l'administration, et ne comprenait que trois salles; la plus grande partie des malades étaient donc réunis dans le rez-de-chaussée et les trois étages du bâtiment donnant sur la rue de la Bûcherie[1]. On les y avait entassés à ce point que le volume d'air dont pouvait disposer chacun d'eux, était de 11^{m}10^{c} dans certaines salles, de 9^{m}25^{c} dans d'autres[2]; même, d'après Tenon[3], de 7^{m}40^{c} et de 5^{m}90^{c}, « quantités qui approchent beaucoup de celles où un homme ne peut pas vivre vingt-quatre heures. »

Quelle était la qualité de l'air si parcimonieusement dispensé aux malades?

Pendant son séjour en France, l'empereur Joseph II passa six semaines à Paris, dont il visita tous les établissements publics. L'état de l'Hôtel-Dieu le révolta. Ayant vu dans le

[1] Tenon, *Mémoires sur les hôpitaux* (imprimés par ordre du roi), p. 111 et 176.

[2] Voy. ci-dessous.

[3] Page 186.

même lit un malade, un agonisant et un mort couchés côte à côte, fait qui n'avait rien d'exceptionnel, il courut à Versailles et fit partager à Louis XV son indignation. Le roi ordonna aussitôt [1], que l'Hôtel-Dieu serait démoli et ses malades partagés entre l'hôpital Saint-Louis et celui de la Santé, tous deux alors à peu près sans emploi.

Cette mesure dut être ajournée. Mais l'élan était donné, et une foule de projets surgirent, les uns proposant la conservation de l'Hôtel-Dieu très agrandi, les autres préconisant sa reconstruction sur un autre emplacement. Parmi ces derniers, le plus original était celui de l'architecte Bernard Poyet; il consistait à élever, dans l'île des Cygnes, un hôpital circulaire qui eût pu recevoir cinq mille malades, et dont toutes les salles eussent été isolées les unes des autres [2].

Louis XVI invita l'Académie des Sciences à nommer une commission pour examiner ce projet. Les membres désignés par la savante compagnie furent : Lassone, premier médecin du roi, Daubenton, Tenon, Bailly, Lavoisier,

[1] Lettres patentes de 1773.

[2] Voy. *Mémoires sur la nécessité de transférer et de reconstruire l'Hôtel-Dieu de Paris*, 1785-1786, in-4°.

Laplace, Coulomb et Darcet, qui crurent devoir avant tout faire une étude approfondie des différents services de l'Hôtel-Dieu. Ils le visitèrent de fond en comble, et au mois de décembre 1786 déposèrent leur rapport, éloquent tableau des horreurs dont ils avaient été les témoins. « Nous ne cherchons pas à émouvoir, écrivaient-ils, nous rendons un compte raisonné à l'Académie, nous ne voulons exposer que des faits et des calculs. » Ils avaient bien raison, et cela suffisait, car les faits étaient si navrants, les calculs révélaient des pratiques si révoltantes qu'ils parlaient assez d'eux-mêmes. Aussi l'émotion produite fut-elle immense, et cette fois elle ne resta pas stérile.

La Commission s'exprimait ainsi :

La disposition générale de l'Hôtel-Dieu, la disposition forcée par le défaut d'emplacement est d'établir beaucoup de lits dans les salles et beaucoup de malades dans les lits. Nous trouvons que sur vint-cinq salles de cet hôpital, il y en a six seulement à deux rangées de lits : six en ont trois files, et treize ont quatre files; de sorte que plus de la moitié des salles est surchargée de quatre rangs de lits. Quatre de ces salles contiennent 108 ou 110 lits. Nous citerons en exemple la plus chargée, celle de Saint-Charles, qui a 101 grands lits et 9 petits. Il faut observer que ces grands lits ayant reçu quelquefois 6 malades, cette salle a pu en renfermer 615 et former à elle seule un hôpital entier, un hôpital assez considérable dans un espace de moins de 200 toises carrées. Or, que les lits contiennent quelquefois six malades, c'est ce dont il n'est pas possible de douter; le fait a été avancé par les administrateurs même de l'Hôtel-Dieu. Le 6 janvier de cette année, Saint-Charles avait 340 malades[1]; 28 lits au moins contenoient chacun quatre personnes.

Sans doute des gens en santé, qui seroient au nombre de 340 dans une même salle et couchés quatre dans un lit, se trouveroient fort mal à leur aise. Et c'est un fait que si des gens en santé avoient le droit de se plaindre de cette affreuse disposition, les malades doivent en être repoussés par la répugnance et n'y être amenés que par le désespoir. C'est un fait que, quelle que soit l'insensibilité des misérables que la nécessité y condamne, le spectacle des maux dont ils sont de toutes parts environnés, et dans le lit qui les avoisine et dans leur propre lit, ajoute au sentiment de leurs maux. C'est un fait que les morts y sont mêlés dans le même lit avec les vivans; et quand cette association des malades dans un lit ne feroit que rendre plus fréquentes les méprises des remèdes et des alimens,

[1] « Il y a peut-être des jours où la salle Saint-Charles est plus chargée. Nous n'avons pu nous procurer que quelques-unes des feuilles du mouvement, et nous ne pouvons citer que celles que nous avons sous les yeux. » (*Note des commissaires.*)

ce danger suffiroit pour en proscrire l'usage...

Comment dormir dans ces lits à deux, que l'on surcharge de quatre et six malades; où tantôt chaque malade a 13 pouces[1] et tantôt 8 pouces et demi[2] d'espace en largeur; où il ne sauroit être que sur le côté, où il ne sauroit se tourner sans heurter celui qui le serre, sans réveiller en lui le sentiment de la douleur? Eh! comment ne serait-on pas sans cesse agité dans ces misérables lits? La gale, comme on sait, n'y est-elle pas éternelle? La chaleur de quatre ou six malades n'y rend-elle pas les douleurs plus âcres et les démangeaisons plus insupportables? Cette chaleur, d'ailleurs, n'y fait-elle pas éclore, n'y entretient-elle pas la vermine? Cette chaleur ne développe-t-elle pas encore la fétidité qui ne peut manquer d'exister dans ces lits, et qui devient plus insupportable dans la situation opposée des malades, couchés les uns au pied, les autres à la tête? Le sommeil ne pénètre donc point, ou du moins il pénètre rarement, imparfaitement, dans ces lits d'amertume et de douleur. Que penser d'un hôpital où des malheureux ainsi entassés dans le même lit ne peuvent obtenir ce sommeil désirable que lorsqu'ils se concertent pour que les uns se lèvent et veillent une partie de la nuit, tandis que les autres dorment?

Mais ce n'est pas assez que ces grands lits soient une source de dégoûts et de mal-aise, ôtent le repos et le sommeil : ils troublent encore la marche de la

[1] Environ 35 centimètres.

[2] Environ 23 centimètres.

nature. L'homme qui a besoin d'une chaleur douce est enflammé par la fièvre brûlante de son voisin; celui-ci l'arrose et le refroidit de sa sueur; en même temps, la sueur critique de ce fiévreux est troublée, et lui-même est refroidi par l'attouchement de celui qui n'est pas à son degré de chaleur. Cet état de trouble mutuel dure jusqu'à ce que la température moyenne soit établie, et que les malades aient pris un degré de chaleur qui ne leur est point naturel, et qui est contraire à tous...

Les convalescens sont mêlés dans toutes les salles avec les malades, par conséquent avec les morts et les mourans. Ils sont donc sans cesse exposés, ou à des rechutes toujours fâcheuses, ou à reprendre une nouvelle maladie à la place de celle qui a été guérie. Un convalescent doit du moins, avant de retrouver ses forces, traîner et languir longtemps en respirant le même air que les malades, et en habitant ce séjour de dégoût, de mal-aise et de tristesse. Et comme on estime que, sur le nombre des malades d'un hôpital, il y en a le tiers en convalescence, en évaluant à 2,500 le nombre journalier et moyen des malades à l'Hôtel-Dieu, il y a chaque jour 830 convalescens dévoués à cette espèce de supplice...

Tous les malades sont mêlés, quelle que soit l'affection qui les amène, et aucune distinction n'est faite, même pour les maladies contagieuses. Les femmes atteintes de la petite vérole sont bien réunies, mais dans une salle occupée aussi par une foule de fébricitantes.

On peut imaginer ce qu'au milieu de l'entassement des étages, des salles et des malades, doit produire l'association de toutes ces maladies dans le même lieu; tout ce qui résulte, pour répandre la contagion : d'un air infecté par des fièvres contagieuses; de l'échange des draps, des chemises le plus souvent mal lessivées; des linges que l'on chauffe en grand nombre, et qui retirés d'un malade sont portés à un autre; des pots à boire rincés à la hâte, et qui dans la distribution passent d'un galeux à un qui ne l'est pas. Un malade arrivant est souvent placé dans le lit et dans les draps d'un galeux qui vient de mourir. Si un malade échappe à cette suite de dangers, les hardes qu'on lui rend sortent d'un magasin commun où tout est confondu comme dans les salles; ces hardes ont pu se charger de la contagion, elles la lui communiqueront au sortir de l'hôpital. La gale est presque générale et elle est perpétuelle à l'Hôtel-Dieu; les chirurgiens, les religieuses, les infirmiers et infirmières la contractent, ou en pansant les malades, ou en maniant leurs linges. Les malades guéris qui l'ont contractée la portent dans leur famille, et l'Hôtel-Dieu est une source inépuisable d'où cette maladie se répand dans Paris...

Les malades, à la Salpêtrière et aux Incurables, ont chacun 7 toises et demi cubes[1] d'air à respirer; à la Charité, il y a telle salle où ils ont 7 toises[2] et telle autre où ils en ont 10[3]; tandis qu'à l'Hôtel-

[1] Environ $55^{m}50^{c}$.
[2] Environ 52 mètres.
[3] Environ 74 mètres.

Dieu, dans la salle Saint-Paul, 344 malades n'ont chacun qu'une toise et demie[1]; et dans la salle Saint-Landry, 374 malades n'ont qu'une toise et un quart[2]. Ces dernières quantités approchent beaucoup de celles où un homme ne peut pas vivre vingt-quatre heures...

Les salles sont accouplées et n'ont de jour et d'air que d'un côté; elles s'enfilent les unes les autres, et l'air corrompu d'une salle est remplacé par l'air corrompu d'une autre salle. Ces salles sont entassées par étages, de sorte que sur les escaliers, qui ne sont point ouverts et qui font cheminée, l'air du dehors se mêle sans cesse à l'air infect d'un étage avant de pénétrer dans un autre étage : ce mélange impur est l'air renouvelé qui sert à la respiration et entretient la vie des malades. Les escaliers communs de Saint-Paul et de Saint-Nicolas partent de la salle Saint-Charles : lorsque toutes les croisées de ces escaliers sont fermées, comme elles le sont le plus souvent, ils ne reçoivent de l'air que de la salle Saint-Charles. Cet air qui y monte, cet air qui les remplit est infect, on ne le respire qu'avec peine et dégoût. Il est chargé des émanations de Saint-Charles, où il y avoit le 12 janvier de cette année 304 malades; de Saint-Paul, au premier, où il y en avoit 258; de Saint-Joseph, au second, où il y en avoit 175. Et c'est avec toutes ces modifications malfaisantes qu'il arrive au troisième, à la salle Saint-Landry, où il y avoit le même jour 260 malades.

Mais ce n'est pas assez que l'air qui circule dans

[1] Environ 11m10c.

[2] Environ 9m25c.

l'Hôtel-Dieu soit composé en partie, et de l'air déjà altéré par la respiration, et de l'air chargé des miasmes journaliers qui s'exhalent des corps malades : un usage de l'Hôtel-Dieu fournit le moyen de surcharger encore cet air des miasmes accumulés pendant un temps. Lorsqu'il faut changer la paille des lits, il n'y a point de place particulière pour ce rechange ; il se fait au milieu des salles. Et lorsqu'on ouvre ces paillasses, où tant d'infirmités différentes se sont reposées, on conçoit l'odeur qui s'en exhale et qui en annonce le danger.

Il y a plus. Chaque salle contient un certain nombre de lits à la paille pour les agonisans ; on appelle de ce nom à l'Hôtel-Dieu, non seulement ceux qui sont au moment de la mort, mais ceux qui gâtent leur lit. On les réunit sur cette paille quelquefois cinq ou six ; elle est simplement amoncelée sur la couchette, et bridée par un drap. Nous avons peine à dire que c'est quelquefois là, au milieu de ces agonisans et de tout ce qui suit cet état de défaillance, au milieu de ces malades salis, que l'on met pour un temps ceux qui arrivent de bonne heure et qu'on ne sait encore où placer. Ces lits à la paille ont besoin d'être renouvelés souvent. Il faudroit se trouver à l'Hôtel-Dieu, sur les quatre heures du matin, au moment où on retire à brassée cette paille infecte, où on la pose sur le plancher que l'on imprègne des miasmes et que l'on charge des ordures qu'elle renferme. C'est à ce moment que l'on peut juger de l'infection qui se répand, et dans les salles et dans les escaliers, et dans tous les étages.

Et que devenait cette paille.

Comme il n'y a pas de cour assez vaste à l'Hôtel-Dieu qui permette de brûler cette quantité énorme de paille sans s'exposer à mettre le feu, on la transporte à Saint-Louis [1]. Il en est de même de la plume des lits [2], de cette plume imprégnée de miasmes morbifiques, la plupart contagieux : on la transporte par charretées à Saint-Louis, où elle est séchée, triée et battue, et où les coutils sont trempés et lavés dans la fontaine placée au milieu de la cour. La contagion portée de l'Hôtel-Dieu à Saint-Louis, est rapportée de Saint-Louis à l'Hôtel-Dieu, et en revenant infecter de nouveau le lieu d'où elle est partie, elle traverse deux fois la ville avec un double danger pour les habitans. Les morts de l'Hôtel-Dieu sont aussi transportés, les nuits, variolés, gangrenés et autres, à travers Paris [3]. Il sort donc de l'Hôtel-Dieu des convois tantôt de paille infecte, tantôt de plume imprégnée de miasmes morbifiques, tantôt de cadavres [4].

[1] Hôpital alors annexe de l'Hôtel-Dieu.

[2] Les lits de l'Hôtel-Dieu avaient pour garniture une paillasse et un lit de plumes. « L'infection et l'humidité se retranchent dans les tuyaux et dans les barbes des plumes, et après avoir été lavées, séchées et battues, ces plumes conservent en partie les principes morbifiques dont on a voulu les dépouiller. »

[3] En moyenne, il mourait à l'Hôtel-Dieu 4,700 personnes par an. Les corps, cousus dans une serpillière, étaient entassés sur un vaste chariot, disposé pour cinquante cadavres, et qui arrivait au cimetière de Clamart vers cinq heures du matin.

[4] Comparez cette description de l'Hôtel-Dieu avec celle

L'Hôtel-Dieu, épouvantable foyer d'infection, situé au centre même du Paris d'alors, semblait donc prendre à tâche de disséminer dans toute la ville des germes délétères, d'inonder sans cesse de redoutables microbes ses rues sales et étroites. Eh bien, la santé y était excellente et les épidémies n'y étaient plus connues. De 1699 à 1832, on n'en pourrait citer aucune[1]. Et quand réapparaissent-elles, quand le choléra et l'influenza commencent-ils à venir périodiquement décimer Paris? c'est après qu'il a été partout assaini, après qu'on y a répandu à flots l'air et la lumière, qu'on y a élargi les rues et multiplié les vastes squares, après que l'Hôtel-Dieu a été purifié, c'est enfin lorsque les lois de l'hygiène ont été mieux connues et mieux observées.

Notez que la Seine était jadis aussi empestée qu'aujourd'hui, et que les Parisiens n'avaient guère d'autre eau à boire. Pendant une lon-

qu'en a donnée le chirurgien Tenon. J'en ai publié un extrait dans *L'hygiène*, p. 181 et suiv.

[1] L'académie des Sciences écrivait en 1786 : « La cause des épidémies proprement dites semble détruite depuis que Paris est pavé et que la propreté y est mieux entretenue. Paris est certainement devenu plus sain ; et une preuve sans réplique, c'est qu'il n'y a point eu d'épidémie dans ce siècle déjà si avancé. » Page 106.

gue suite de siècles, le *tout à l'égout* fut ignoré faute d'égouts convenables, mais on connaissait bien le *tout à la Seine*[1]. Le 19 juin 1666, une ordonnance de police défendit, non-seulement de puiser de l'eau entre la place Maubert et le Pont-Neuf, mais même aux blanchisseuses d'y laver leur linge, « à cause de l'infection et impureté des eaux qui y croupissent. » Cette ordonnance n'était pas la première rendue à ce sujet, et ce ne fut pas la dernière, car on dut la renouveler le 8 juin 1667, le 15 avril 1669, le 28 août 1677, le 22 juin 1697, le 22 août 1703[2], etc., preuve évidente du dédain avec lequel étaient accueillies ces sages prescriptions.

Revenons maintenant à l'Hôtel-Dieu, et pénétrons dans les deux salles réservées aux maladies chirurgicales.

Les salles destinées aux opérations chirurgicales doivent être privilégiées dans les hôpitaux : c'est là que l'art vient au secours de la nature par des moyens souvent terribles. A quoi sert de faire souffrir un malheureux, si l'on n'a pas la probabilité de le sauver, si on n'augmente pas cette probabilité par toutes les précautions possibles ? Ces pré-

[1] Voy. *L'hygiène.*

[2] Voy. Delamarre, *Traité de la police,* t. I, p. 557 et suiv.

cautions sont la tranquillité des malades, la propreté du local et la pureté de l'air.

Mais quelle tranquillité peuvent avoir les blessés à l'Hôtel-Dieu, dans la salle Saint-Paul ? Cette salle a 111 lits, 78 grands et 33 petits. Le 6 janvier, elle contenait 272 malades ; elle en pourroit contenir beaucoup davantage suivant l'usage de l'Hôtel-Dieu. Ce grand nombre d'hommes réunis, et celui des hommes employés à les servir, est un premier obstacle à la tranquillité ; mais cette salle est le passage qui conduit à l'office Saint-Paul, aux offices au pain et au vin, aux caveaux pour l'échangeage [1], pour le linge sale et pour le sable. C'est par cette salle, et en suivant sa longueur au milieu des blessés, que l'on porte les charges de bois, de linges, de vivres et de tous les autres objets nécessaires à plusieurs salles ; c'est dans cette salle que les pauvres du dehors s'assemblent, tous les après-midi, pour consulter le chirurgien-major ; et la confusion du bruit des pas et des voix augmente la rumeur. Comment dans cette agitation, parmi tous ces gens en mouvement, procurer aux malades, après un pansement douloureux, ces premiers moments de repos qui décident souvent de leur conservation?

La propreté exige plus de soin dans une salle de blessés que dans toute autre. La pureté de l'air y est plus difficile à maintenir, à cause du sang et du pus qui entachent sans cesse le plancher. Il est

[1] Décrassage du linge avant son envoi à la lessive. — *Essangeage* serait plus conforme à l'étymologie.

impossible de nettoyer ou de bien nettoyer ce plancher, au milieu de quatre rangs de lits, dans une largeur de 34 pieds [1]. Ces lits en occupent 21, les deux files du milieu se touchent, et il ne reste entre celles-ci et les autres qu'un passage de 6 pieds et demi de chaque côté. Il est difficile d'y maintenir là propreté, lorsqu'on accumule dans un échangeoir et dans un caveau de cette salle tout le linge chargé de pus, de sang et d'autres matières fétides : c'est un foyer d'infection qu'on y conserve. D'ailleurs chaque lit en est un. Le 12 janvier de cette année, il y avait 258 blessés pour 111 lits; il y en avoit donc un dans chacun des 33 petits lits et 225 dans les grands : c'est trois par lit. Tous les soins du monde ne peuvent tenir propre et sans odeur un lit où il se fait tous les jours trois ou six pansemens. Ajoutez à ce tableau les latrines, qui sont trop près de la salle, trop petites pour le nombre des malades, et toujours salies dès l'entrée ; les lits des agonisans, qui, souillés, sont un nouveau foyer d'infection ; les exhalaisons que fournit l'escalier et qui montent de la salle Saint-Charles placée au-dessous, où sont trois à quatre cents fiévreux : et ce tableau est celui de la salle des blessés.

La salle dite *des opérations* est destinée en effet aux opérations les plus graves et les plus délicates, et elle est entourée de toutes parts de tout ce qui peut en infecter l'air. Elle communique à la salle Saint-Paul, dont nous venons de décrire la fétidité.

[1] Environ 11m25c.

Placée presque sur la salle des morts, elle en reçoit les émanations par les croisées. A l'encoignure du mur extérieur est un plomb, qui, dans les chaleurs, répand une odeur infecte ; et du côté du midi elle a des terrasses qui, placées au-dessous de plusieurs logemens et des salles des accouchées, en reçoivent les immondices et les vidanges.

Un grand malheur pour ceux à qui on fait ou à qui on doit faire des opérations, pour ces infortunés qui ne doivent souffrir que de leurs propres maux et à qui toute émotion est dangereuse, c'est que ces opérations s'y font au milieu de la salle même. On y voit les préparatifs du supplice ; on y entend les cris du supplicié. Celui qui doit l'être le lendemain a devant lui le tableau de ses souffrances futures, et celui qui a passé par cette terrible épreuve doit être profondément remué et sentir renaître ses douleurs à ces cris semblables aux siens. Et ces terreurs, ces émotions, il les reçoit au milieu des accidens de l'inflammation ou de la suppuration, au préjudice de son rétablissement et au hasard de sa vie.

Aux inconvéniens qui naissent du défaut d'espace dans l'intérieur de l'Hôtel-Dieu se joignent d'autres inconvéniens qui tiennent à sa position. Le bâtiment méridional est placé sur la rue de la Bûcherie. C'est par cette rue que débouche, et sans cesse, un nombre considérable de voitures de pierres, de bois de charpente et de bois à brûler. On a fait compter ces voitures, et l'on en a vu passer jusqu'à 168 en une heure. Le hasard ou l'inattention ont placé, dans ce bâtiment et sur cette rue, les salles destinées aux maladies chirurgicales et aux opérations, celle des taillés, celle des femmes en couche. On sait que le bruit est contraire aux femmes qui sont dans cet état; on sait que les ébranlemens sont nuisibles aux hommes et aux femmes qui ont subi des opérations. Toutes ces salles sont au premier et au second étage où les vibrations sont plus sensibles. Ces ébranlemens répétés portent des secousses terribles à la tête des malheureux trépanés, excitent des tressaillemens, donnent souvent des convulsions à ceux à qui on a coupé la jambe ou la cuisse, irritent ou précipitent au tombeau une foule d'infortunés, victimes de ces dispositions mal entendues...

Si nous ne pouvons pas constater, par l'expérience, le danger de ces ébranlemens, nous avons un témoignage qui dépose du danger de l'infection de l'air; c'est celui de Dionis, démonstrateur d'anatomie sous Louis XIV et premier chirurgien de madame la Dauphine. « A Paris, dit-il[1], le trépan est assez heureux, et encore plus à Versailles, où l'on n'en meurt presque point; mais les trépanés périssent tous à l'Hôtel-Dieu de Paris, à cause de l'infection de l'air[2]. »

Quelques chiffres officiels serviront de conclusion à ce navrant tableau. Il mourait en moyenne :

[1] Page 428.

[2] *Rapport des commissaires charges de l'examen du projet d'un nouvel Hôtel-Dieu.* Dans l'*Histoire de l'académie royale des sciences*, année 1785 (imprimée en 1787), p. 2.

A l'hôpital d'Édimbourg		1 malade	sur	25 1/2
—	du Saint-Esprit[1]	—	—	11 »
—	de Saint-Denis	—	—	15 1/8
—	de Versailles	—	—	8 2/5
—	de Saint-Sulpice	—	—	6 1/2
—	de la Charité	—	—	7 1/2
A l'Hôtel-Dieu		—	—	4 1/2

« Ce chiffre, écrit Tenon[2], surpasse toutes les mortalités connues. Elle s'éléveroit encore plus haut si, dans cette maison, l'on avoit égard aux enfans venus vivans et sains, aux accouchées bien portantes, ainsi qu'aux quatre cents enfans qui en sortent tous les ans pour aller mourir incontinent de l'induration ou de la gelée à l'hôpital des Enfans Trouvés. »

On voit que la mortalité était bien moindre à la Charité, l'établissement de Paris où, après l'Hôtel-Dieu, se faisaient le plus d'opérations. En 52 ans, l'Hôtel-Dieu sur 1,108,741 malades en perdit 244,720, soit 1 sur 4 1/2; la proportion étant de 7 1/2 seulement à la Charité, cet hôpital n'en eût perdu que 168,700. D'où il résulte qu'en 52 ans l'Hôtel-Dieu a enlevé à la France au moins 76,020 individus, qui eussent survécu

[1] A Rome.
[2] Page 345.

s'ils eussent été placés dans de meilleures conditions hygiéniques. Et non seulement la France eût conservé ces 76,000 citoyens, mais elle eût réalisé une importante économie d'argent, car la durée moyenne des maladies, qui s'élevait à 43 jours à l'Hôtel-Dieu, était de 23 jours seulement à la Charité [1].

Mais à la Charité, chaque malade était seul dans son lit, les salles étaient vastes et bien aérées, le volume d'air accordé à chaque malade variait entre 47 et 74 mètres cubes [2]. En 1786, les salles commencèrent à être chauffées, on y plaça « un poêle en terre, avec des tuyaux de cuivre [3]. » Pour comprendre toute la valeur de cette innovation, il faut se rappeler que, durant les hivers rigou-

[1] J'emprunte tous ces chiffres au *Rapport des commissaires nommés par l'Académie des Sciences*, p. 70 et 72.

[2] Savoir :

Salle Saint-Louis.	52m.
— Saint-Raphaël.	53m 30c
— de la Vierge.	59m 25c
— Saint-Jean.	52m.
— Saint-Augustin.	48m 10c
Infirmerie des frères.	47m.

(*Mémoires* de Tenon, p. 37.)

L'académie des Sciences attribue à chaque malade de la salle de la Vierge 10 toises cubes d'air, soit exactement 74,0389. (Voy. p. 51.)

[3] Voy. Tenon, p. 40.

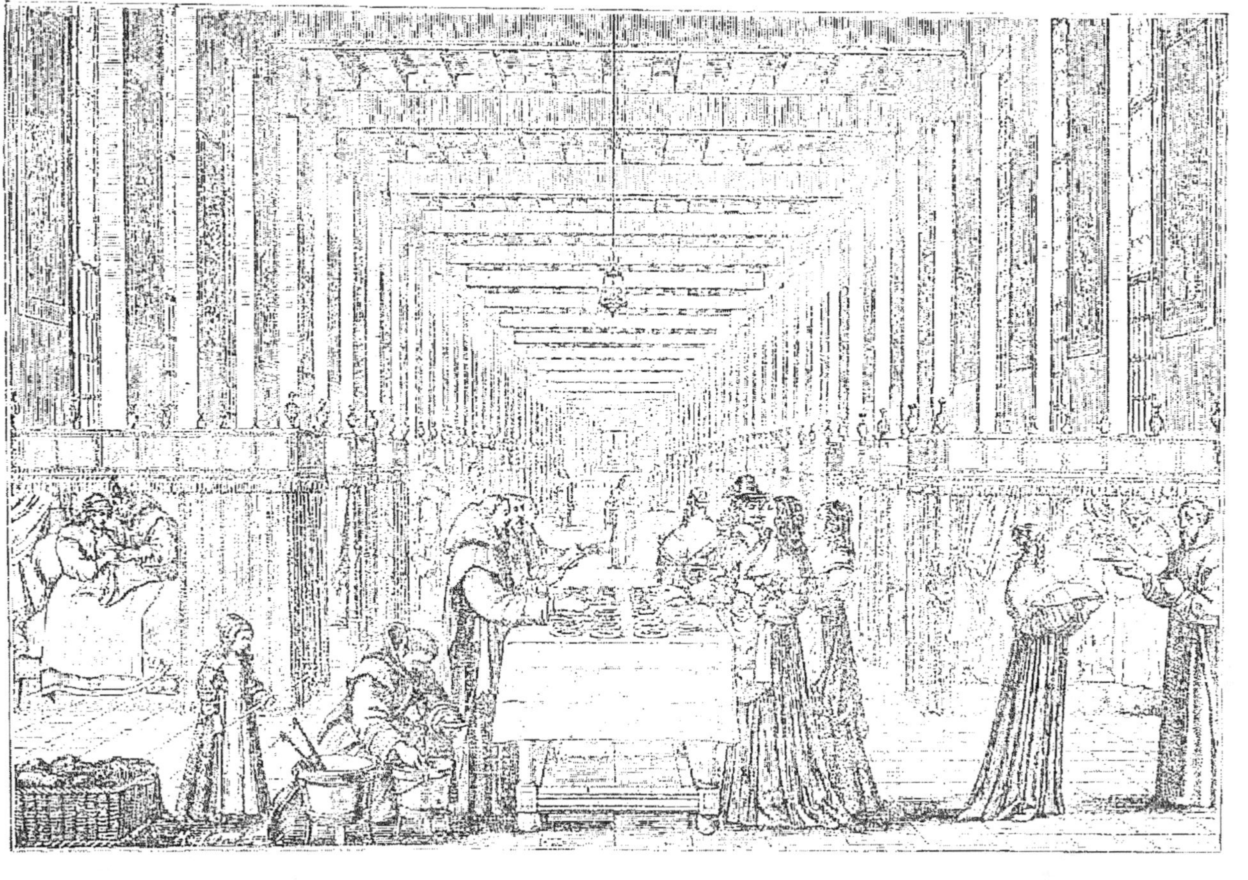

Infirmerie des frères de la Charité. — D'après Abraham Bosse.

reux, les malades des hôpitaux avaient souvent le nez ou les oreilles gelées; on leur en faisait sur place l'amputation, et tout était dit[1].

A la Charité, la salle attribuée aux maladies chirurgicales communiquait avec une salle de fiévreux, et l'on constata un peu tard les dangers de ce voisinage. L'Allemand Jean Hunezovsky, venu en France pour y étudier le régime des hôpitaux, écrivait vers 1783 :

C'est une chose remarquable que les maladies chirurgicales, placées à la Charité dans le voisinage des fièvres putrides, ne guérissent que lentement. Il leur survient souvent des symptômes qu'il est impossible de prévoir, et qui résistent à toutes sortes de traitemens. La gangrène se met aux plaies les plus simples, les ulcères deviennent malins, et toutes les maladies externes, qui d'ailleurs ne demanderoient pas beaucoup de tems pour être guéries, y prennent un mauvais caractère. Ce qui prouve incontestablement que cette sur-addition de symptômes et de maux insolites proviennent de ce que la salle de chirurgie communique avec celle où sont les fièvres putrides, c'est que tous ces accidens n'ont lieu que sur les malades dans les cinq ou six lits les plus proches de la salle aux fièvres putrides. Pour s'en garantir, on a pris le parti de ne plus mettre de plaies ni d'ulcères dans ces lits, mais

[1] Voy. *Les chirurgiens*, p. 50.

seulement des malades avec des tumeurs, et dont la peau n'est pas entamée.

Il est bon de faire remarquer qu'un espace de six lits à la Charité représentait un peu moins de douze mètres.

SAGES-FEMMES ET ACCOUCHEURS

I

I. Les premières sages-femmes. — Les ventrières aux treizième et quatorzième siècles. — Les ventrières de l'Hôtel-Dieu et celles du Châtelet. — Rapport en justice par une ventrière sur un cas de viol. — Statuts octroyés aux sages-femmes vers 1580. — Patrons des sages-femmes. — Conditions exigées d'elles pour obtenir l'autorisation d'exercer. — Moyens d'instruction. — Examen et serment. — Enseignes. — Devoirs professionnels. — Recommandations relatives aux sacrements. — Dénonciations. — Sages-femmes condamnées pour exercice illégal. — Empiétement des barbiers sur les privilèges du Châtelet. — Liste des sages-femmes exerçant à Paris en 1601.

II. Louise Bourgeois. — Comment elle est amenée à s'établir sage-femme. — Ses études, ses débuts. — Se présente à l'examen ordinaire. — Les sages-femmes supplient la Faculté de leur accorder un cours d'obstétrique. — L'Hôtel-Dieu. — Statuts de 1699. — Apprentissage exigé. — Certificat de catholicité. — Jury, frais d'examen. — Les limbes. — Baptême ou ondoiement des nouveau-nés; devoir des sages-femmes. — Serment qu'elles prêtent à leur curé. — Infanticides et avortements. — La tour du limbe. — Mlle de Guerchy et le sonnet de l'avorton. — Sage-femme pendue. — Dernières années de Louise Bourgeois.

On peut affirmer que les premières sages-femmes furent de bonnes âmes qui, ayant aidé plusieurs voisines en travail, avaient acquis ainsi quelque expérience des accouchements. De là à tirer parti de leur petit savoir, il n'y avait pas loin. Celles qui exercèrent ce métier reçurent d'abord le nom de ventrières, et il y avait à Paris en 1292 au moins deux ventrières :

Michiele, la ventrière.
Emeline, la ventrière.

La première demeurait rue Saint-Martin, la seconde rue des Écouffes [1].

Barthélemy de Glanville, dans son *De proprietatibus rerum*, écrit vers 1350, consacre à la « ventrière ou sage-femme » un paragraphe assez curieux :

La ventrière, écrit-il, est une femme qui a l'art d'ayder à la femme quand elle enfante, à fin qu'elle ayt l'enfant légèrement, et que l'enfant ne soit en péril. Ceste ventrière oing le ventre de la femme qui enfante d'aucuns oignemens pour faire yssir [2] l'enfant plus tost et à moins de douleur. Quand l'enfant naist, elle le reçoit et luy couppe le nombril du long de quatre doigtz, et le noue ; et puis elle lave l'enfant pour en oster le sang, et après elle le frotte de sel et de miel pour seicher et con-

[1] *Registres de la Taille de* 1292, p. 62 et 114.
[2] Sortir.

forter les membres, et l'enveloppe en blancz drappeaulx [1].

En 1377 et en 1379, la duchesse de Bourgogne fit venir de Paris à Dijon, pour l'assister en ses couches, « Asseline la ventrière, » femme de Robert Alexandre, bourgeois de Paris. Elle partit avec son mari et un valet chargé de soigner leurs chevaux [2]. En 1378, il y avait à l'Hôtel-Dieu une « ventrière des accouchiez » nommée Juliette, et en 1385 une femme nommée Jeanne Dupuis y prenait le titre de « maîtresse des accouchées [3]. »

Il existait déjà, attachées au tribunal du Châtelet, des ventrières ou matrones jurées qui, comme nos experts actuels, étaient commises pour éclairer la justice, pour rédiger des rapports de médecine légale. Ainsi, au mois d'avril 1394, nous voyons Agace la Françoise et Jehanne la Riquedonne, « matrones jurées du Roy, » chargées de visiter une jeune fille qui se plaignait d'avoir été violée [4].

[1] *Le propriétaire de toutes choses*, traduit en français par Jean Corbichon, édit. de 1556, in-fol., liv. VI, chap. x, p. 52 v°.

[2] E. Petit, *Itinéraires de Philippe le Hardi*, p. 505.

[3] H. Carrier, *Origines de la maternité de Paris*, p. 5.

[4] Douët-d'Arcq, *Pièces relatives au règne de Charles VI*, t. II, p. 216.

Laurent Joubert, médecin de Henri III, nous a conservé le texte de trois rapports rédigés dans des cas semblables. L'un d'eux, destiné au Châtelet, est ainsi conçu :

Nous, Marion Teste, Jane de Meaus[1], Jane de la Guigans et Madeleine de la Lippuë, matrones jurées de la ville de Paris, certifions à tous qu'il apartiendra, que le 14e jour de juin 1532, par l'ordonnance de Monsieur le Prévost de Paris ou son lieutenant en laditte ville, nous sommes transportées en la rue Frepaut[2], où pand pour enseigne la Pantoufle ; où nous avons veue et visitée Hanriete Pelicière, jeune filhe âgée de quinze ans ou anviron, sur la plainte par elle faite an justice contre Simon le Bragard, duquel elle ha dit avoir été forcée et déflorée. Et le tout veu et visité au doit et à l'œil, nous trouvons qu'elle ha...

. . . .

Et ainsi, nous dittes matrones, certifions estre vray, à vous M. le Prévost, au serment qu'avons à la ditte ville[3].

Les règlements relatifs à l'exercice du métier de sage-femme furent imprimés ou réimprimés vers 1580. La plaquette, d'une extrême

[1] Jeanne de Meaux.

[2] Rue Phélipeaux, aujourd'hui comprise dans la rue Réaumur.

[3] L. Joubert, *Erreurs populaires*, édit. de 1579, in-8°, p. 497.

rareté, qui compose cette édition est intitulée : *Statuts et reiglemens ordonnez pour toutes les matronnes ou saiges femmes de la ville, faulxbourgs, prevosté et vicomté de Paris, accoustumez de toüt temps estre gardez et jurez par lesdictes matronnes avant d'estre admises à l'exercice de leur estat*[1]. Ces statuts comprennent vingt-quatre articles très curieux et qui nous révèlent l'organisation complète de cette petite communauté.

Elle était placée déjà, comme celle des chirurgiens, sous le patronage de saint Côme et de saint Damien. L'article premier oblige les sages-femmes à visiter au moins une fois par an l'église consacrée à ces bienheureux martyrs. « Elles doivent, par leur intercession, supplier la bonté de nostre Sauveur de leur donner grâce de bien, fidellement et charitablement exercer leur vocation à l'endroit de toutes femmes, soyent pauvres, médiocres ou riches. »

Les conditions à remplir pour obtenir l'autorisation de s'établir sont stipulées avec soin.

Les aspirantes étaient tenues avant tout de « faire paroistre leur demeure, leur vie, con-

[1] Petit in-8°, s. l. n. d.

versation vertueuse, et soubz quelles maistresses ou mères elles ont appris l'estat[1]. » Il n'existait donc officiellement aucun cours, aucun moyen d'instruction[2]. Toutefois, il était fait chaque année, par l'un des chirurgiens du Châtelet, une « anatomie de femme pour l'instruction de ce qui est de la practique des saiges femmes, où elles seront averties se trouver, si elles en ont commodité[3]. »

Ces premières formalités accomplies, les aspirantes étaient interrogées par le médecin, les deux chirurgiens et les deux matrones jurées du Châtelet[4].

Si l'épreuve leur était favorable, elles prêtaient serment entre les mains du prévôt de Paris[5], et pouvaient, huit jours après, « mettre et apposer, au devant de leurs maisons, enseignes de saiges femmes, comme ont les autres : qui sont une femme portant un enfant, et un petit garçon portant un cierge, ou un berceau, avec une fleur de lys si bon leur semble[6]. »

[1] Article 3.
[2] Voy. ci-dessous.
[3] Article 19.
[4] Article 4.
[5] Article 5.
[6] Article 7.

Reçues dès lors membres de la corporation, de nombreux devoirs leur incombaient, que les statuts énumèrent ainsi.

Elles se comporteront en toute circonstance « sagement, honnestement et vertueusement, et n'useront de paroles ny gestes dissolus. » Elles ne toucheront les patientes « qu'au préalable elles n'ayent osté leurs bagues de leurs doigts, si elles en ont, et lavé leurs mains[1]. »

Elles « seront aussi diligentes à secourir les pauvres que les riches, à fin que Dieu par ceste charité aye agréable leur travail[2]. »

Si l'enfant se présente autrement « que le chef devant, qui est l'accouchement naturel, » ou s'il se présente par les pieds « qui est un autre accouchement, le premier après le naturel, » elles feront aussitôt appeler soit un médecin, soit un chirurgien, soit une « des anciennes maistresses et matronnes jurées[3]. »

Sous peine de mort, elles ne provoqueront l'avortement d'aucune femme, « soit mariée ou non mariée[4]. »

Elles « ne délivreront aucunes femmes

[1] Article 9.
[2] Article 10.
[3] Article 11.
[4] Article 12.

qu'elles ne les advertissent du devoir de chrestien, et aussi de la nécessité à toutes créatures raisonnables du sacrement du baptesme qui se doit conférer à l'enfant nouveau nay [1]. »

Elles « n'oublieront à undoyer les enfans si elles cognoissent qu'ils ne puissent parvenir audit S. sacrement de baptesme [2]. »

« S'il y a un homme, et notamment un homme d'Église, au logis ou adviendra ladicte nécessité de undoyer, qu'elles luy défèrent cet honneur si c'est après l'enfantement, et non autrement [3]. »

« Que sur toutes choses, elles vivent en femmes de bien et d'honneur, ainsi que le nom de Matronne ou Saige femme honorable les y convie [4]. »

Elles « ne mesdiront les unes des autres et ne se provoqueront d'injures ny de paroles, ains se comporteront saigement et comme prudentes femmes [5]. »

Elles devront dénoncer toute femme qui

[1] Article 13.

[2] Article 14.

[3] Article 15. — Sur les trois articles qui précèdent, voy. ci-dessous, p. 76 et suiv.

[4] Article 16.

[5] Article 22.

exercerait le métier sans avoir subi l'examen accoutumé et prêté serment[1].

Elles devront également dénoncer celles d'entre elles qui seraient connues pour « tenir mauvais train, pour recevoir ou enseigner mauvaises et dissolues compagnies[2]. »

« S'il advient qu'aux cimetières des saints Innocens, és rues ou en Chastelet, il ait esté exposé quelque enfant vif ou mort, » elles sont tenues d'obtempérer à toute invitation « de le venir trouver, pour voir si elles le recognoistront[3] ».

Elles ne « feront rapport de la pudicité, corruption ou grossesse des filles ou femmes, » sans avoir appelé le médecin et au moins l'un des deux chirurgiens du Châtelet. « Joint qu'est besoin escrire et signer lesdits rapports, et peu d'icelles savent escrire[4]. »

Chaque sage-femme sera tenue d'avoir « une copie imprimée » de ces statuts, et le plus ancien des deux chirurgiens du Châtelet conservera une liste de toutes les sages-femmes autorisées à exercer[5].

[1] Article 8.
[2] Article 17.
[3] Article 20.
[4] Article 23.
[5] Article 24.

On négligea de dresser cette liste, et au mois d'avril 1587 dix-neuf sages-femmes furent dénoncées comme exerçant illégalement, car elles n'avaient ni subi l'épreuve exigée, ni prêté serment. Le prévôt de Paris leur fit défense de « s'immiscer en l'exercice dudit estat de matrosne, qu'elles n'ayent esté expérimentées et reçues. » Il ordonna en même temps « que les enseignes par elles mises et penduës devant leur maison soyent rompues et desmolies. » On les autorisait toutefois à « présenter requeste pour parvenir à leur réception et examen [1], » ce que presque toutes firent aussitôt.

Il fallut agir de même en 1595. Le lieutenant criminel enjoignit à toutes les sages-femmes de présenter au Châtelet « leurs lettres de provision et réception [2] ».

Cinq ans plus tard, un fait grave fut révélé au lieutenant criminel. Certains barbiers s'étaient permis d'assigner des femmes connues pour soigner les accouchées; ils prétendaient « les interroger et leur faire faire ser-

[1] *Reiglement pour les sages-femmes.* 26 avril 1587. 8 pages in-8°.

[2] *Extraict des registres de la chambre criminelle du Chastellet de Paris.* 17 novembre 1595. 4 pages in-8°.

ment. » Les matrones durent encore apporter leurs titres au Châtelet, et de nouveau l'on ordonna « estre fait un registre et roolle certain, contenant les noms, surnoms et demeurances des matrones, selon l'ordre de leur réception[1]. »

On se décida enfin à dresser cette liste si souvent réclamée, et le Châtelet la fit imprimer sous ce titre : *Roolle des Matronnes ou Saiges femmes qui ont juré garder les statuts et reiglemens cy devant escrits*[2], *pardevant Monsieur le Prevost de Paris ou Monsieur le Lieutenant criminel, du consentement de Monsieur le Procureur du Roy audict Chastellet. Lesquelles Saiges femmes sont tenues advertir l'ancien des deux Chirurgiens jurez du Roy audit Chastellet de leur demeure, au cas qu'ils*[3] *changent de logis ou quartier*[4].

Ce rôle contient les nom et surnom de soixante sages-femmes ; on y indique pour chacune l'année de sa réception, mais sans

[1] Même titre que ci-dessus. 18 décembre 1600. 4 pages in-8°.

[2] Ceux que j'ai analysés tout à l'heure.

[3] Il faudrait *qu'elles*.

[4] L'exemplaire que j'ai consulté a appartenu à une sage-femme qui a complété à la main la liste imprimée, en y inscrivant le nom des sages-femmes reçues jusqu'en 1609.

mentionner son adresse. Je retrouve parmi elles la plupart des femmes dénoncées au prévôt en avril 1587.

Les sages-femmes sont classées par ordre d'ancienneté. Leur doyenne, Mme Claire Bellanger, dite la Malescote, avait été reçue en 1567. La dernière se nommait Mme Agnès Marcel, dite de la Rue, et sa réception datait du 12 mars 1601. Les deux sages-femmes jurées au Châtelet étaient Mme Marguerite Thomas, dite du Puy, et Mme Péronne Boyadan, deux importantes matrones que nous ne tarderons pas à retrouver. Péronne Boyadan avait été sans doute l'institutrice de toute sa famille, car je vois qu'en même temps qu'elle exerçaient :

Germaine Assart, sa fille.
Catherine Boyadan, sa sœur.
Marguerite Assart, sa fille, sœur de Germaine.
Péronne du Moustier, sa petite-fille, fille de Germaine.
Marguerite Fontaine, sa nièce.

Je m'arréterai plus longtemps sur une autre mention, qui est ainsi conçue :

Madame Louyse Bourgeoys, femme de M. Martin Bourssier, reçue le 12 novembre 1598 [1].

[1] Dans son *Esquisse historique sur Louise Bourgeois*

Louise Bourgeois accoucha six fois Marie de Médicis. Elle a publié sur l'art obstétrical quatre ouvrages, et je lui sais gré surtout d'avoir raconté dans l'un d'eux comment à cette époque on devenait sage-femme [1].

Issue d'une famille aisée appartenant à la bourgeoisie, son père possédait au faubourg Saint-Germain plusieurs maisons. En 1584, elle épousa Martin Boursier, barbier-chirurgien [2], qui avait été élève d'Ambroise Paré, et qui servait alors dans l'armée du roi. Pendant son absence, Louise Boursier habitait avec sa mère et ses trois enfants, une de ses maisons patrimoniales. Quand Henri de Navarre vint mettre le siège devant Paris, le faubourg Saint-Germain, situé hors des murs, fut envahi un des premiers par ses troupes; elles le saccagèrent si bien que Louise Boursier, ayant vu ses maisons pillées et démolies,

(1852, in-8°), M. le docteur Chéreau écrivait : « Nous ne croyons pas nous tromper beaucoup en rapportant la date de sa réception à l'année 1599. »

[1] *Comment j'ay appris l'art de sage-femme*. Dans les *Observations diverses sur la stérilité, perte de fruict, foecondité, accouchements et maladies des femmes et enfants nouneaux naiz, amplement traittées et heureusement praticquées par L. Bourgeois, dite Boursier, sage-femme de la Roine*. 1626, in-8°, t. II, p. 104.

[2] Voy. *Les chirurgiens*.

passa presque subitement de l'aisance à la misère. Obligée de vendre « tous les jours pièce à pièce » le peu qu'elle avait sauvé du désastre, elle se mit à travailler, confectionna divers ouvrages de femme, « petit poinct, petit mestier, broderies en jarretiers[1]. » Mais il était bien difficile de faire vivre ainsi cinq personnes, et la courageuse femme, pressée par la nécessité, allait enfin obéir à sa vocation. Je lui laisse la parole.

Une honneste femme, qui m'avoit accouchée de mes enfans, qui m'aymoit, me persuada d'apprendre à estre sage femme, et que si elle eust sceu lire et escrire comme moy, qu'elle eust faict des merveilles ; que le cœur luy disoit que si je l'entreprenois, je serois en peu de temps la première de mon estat ; que mon mary, qui avoit demeuré vingt ans en la maison de feu maistre Ambroise Paré, premier chirurgien du Roy, me pourroit beaucoup apprendre.

Je ne m'y pouvois résoudre quand je pensois à porter des enfans au baptesme ; enfin la crainte que j'eus de voir de la nécessité à mes enfans me le fis faire. Je me mis à estudier dans Paré et m'offris à accoucher la femme de nostre crocheteur. Je l'accouchis d'un fils qui estoit roüy[2] par tout le

[1] Broderies sur jarretières.
[2] Rouge.

corps, d'autant qu'il y avoit avec luy un demy seau d'eau. J'avois leu et retenu qu'il ne faut pas laisser dormir une femme qui vient d'accoucher [1], de peur qu'une faiblesse ne l'emporte, à cause de l'évacuation. Je demeure seule ; comme je remuois l'enfant, je parlois quelque fois à elle. Une fois, elle ne me répondit point ; je mis l'enfant sur un oreiller à terre, et courus à elle, que je trouvay esvanoüye ; je cherchay du vinaigre et de l'eau, et la fis revenir à bonne heure.

De petites gens à autres, je fus employée grandement. Le premier enfant que je portay baptiser à Sainct-Cosme, il me sembloit que les murailles des Cordeliers [2] me regardoient. Je practiquay environ cinq ans avec pauvres et médiocres, au bout desquels je me fis recevoir jurée à Paris.

Il doit y avoir à la réception d'une sage-femme un médecin, deux chirurgiens et deux sages-femmes [3]. Ainsi l'on m'envoya voir les deux sages-femmes, qui estoient la dame Dupuis et la dame Péronne [4]. Elles me donnèrent jour pour les aller trouver ensemble. Elles m'interrogèrent de quelle vacation [5] estoit mon mary ; ce que sçachant, elles ne vouloient pas me recevoir, au moins madame Dupuis, qui disoit à l'autre : « Pardieu, ma compagne, le cœur ne me dit rien de bon pour nous ;

[1] Sur cette coutume, voy. ci-dessous, p. 106.

[2] Voy. *Les chirurgiens.*

[3] Conformément à l'art. 4 des statuts que j'ai analysés plus haut.

[4] Voy. ci-dessus, p. 68.

[5] De quel métier.

puis qu'elle est la femme d'un surgean [1], elle s'entend avec les médecins comme coupeurs de bources en foire ; il ne nous faut recevoir que des femmes d'artisans, qui n'entendent rien à nos affaires. » Elle me disoit que mon mary me devoit nourrir sans rien faire, et que si je faisois autrement, il me faudroit brusler pour faire de la cendre aux autres.

Elles me tinrent en telles longueurs et avec tant de sots propos qu'un bel enfant que je nourrissois en mourut de l'ennuy que surtout la Dupuis me donna. Je dis cela pour faire voir comment Dieu sçait venger ceux à qui l'on fait du mal, lors qu'ils y pensent le moins. Cela se dira en son lieu [2]. Ayant été reçeuë de tout le reste, elle fut contrainte de me recevoir à grand regret.

Ayant été reçeuë, je continuois de practiquer, où je servis grand nombre de femmes, tant pauvres que médiocres, dames que damoiselles, et jusques à des princesses...

Ainsi, l'on s'instruisait comme l'on pouvait, le plus souvent au hasard des circonstances, parfois dans un livre si l'on savait lire ; et puis l'on accouchait tant bien que mal la femme d'un crocheteur pour commencer. Quand on avait de cette façon « pratiqué grandement »,

[1] D'un chirurgien.

[2] Elle raconte, en effet, plus bas, comment elle supplanta cette vieille Dupuis, qui avait accouché Gabrielle d'Estrées et que Henri IV voulait donner pour accoucheuse à sa femme. Voy. ci-dessous.

durant cinq ans, l'on songeait à se faire recevoir sage-femme. En vérité, il était bien temps.

Tout ceci se passait en 1598, et ne se modifia que très lentement. Trente-sept ans après, au mois de janvier 1635, les sages-femmes adressèrent une supplique à la Faculté de médecine, sollicitant d'elle un cours d'obstétrique[1]. Mais la Faculté était bien trop occupée de ses querelles avec les chirurgiens pour répondre à d'aussi futiles requêtes.

L'Hôtel-Dieu, qui recevait tant de femmes enceintes, eût pu servir de clinique. Il y avait là une maitresse sage-femme, nommée après examen subi en présence de six médecins. Au mois de novembre 1657, le bureau d'administration décida qu'elle ferait « toutes les six semaines dissection et anatomie de la matrice, » mais au profit seulement des « apprentisses » de l'Hôtel-Dieu[2].

Une Déclaration de septembre 1664 chargea les chirurgiens d'instruire les sages-femmes, tout en conférant au doyen de la Faculté de

[1] J.-A. Hazon, *Éloge historique de la Faculté de médecine*, p. 29.

[2] Voy. H. Carrier, *Origines de la maternité de Paris*, p. 18 et 74.

médecine le privilège de présider les examens. Cette mesure fut complétée un peu plus tard. Les statuts accordés aux chirurgiens en novembre 1699 leur attribuèrent la réception des sages-femmes. A dater de ce moment, elles sont officiellement « agrégées » à la communauté des chirurgiens, honneur qu'elles partagent avec les renoueurs, les herniaires, les dentistes, les oculistes et les lithotomistes.

Les statuts de 1699 exigeaient des aspirantes que :

1° Elles eussent servi pendant trois mois à l'Hôtel-Dieu, ou pendant trois ans chez une sage-femme de Paris, condition dont étaient dispensées les filles de sage-femme [1]. Les brevets d'apprentissage devaient être enregistrés au greffe de la communauté [2].

2° Elles présentassent un certificat de catholicité [3] et de bonne vie et mœurs [4].

3° Elles vinssent au jour fixé comparaître à Saint-Côme devant le jury d'examen [5], qui était ainsi composé [6].

[1] Article 113.

[2] Article 114.

[3] L'édit du 20 février 1680 avait déjà interdit le métier aux sages-femmes professant la R. P. R.

[4] Articles 113 et 125.

[5] Article 117.

[6] Article 118.

Le premier chirurgien du roi ou son lieutenant.
Les quatre prévôts en charge.
Les quatre chirurgiens du Châtelet.
Les quatre sages-femmes du Châtelet[1].
Le doyen de la Faculté de médecine.
Les deux médecins du Châtelet.
Le doyen de la communauté.
Le receveur de la communauté.
Les deux derniers prévôts sortis de charge.
Le receveur dernier sorti de charge.
Deux maîtres du Conseil.
Deux maîtres de la classe.

A eux tous, ils se partageaient, chacun suivant son rang, les droits d'examen, dont le total montait à 169 livres 6 sous[2].

Cette somme une fois versée, il restait à prêter entre les mains du premier chirurgien du roi un serment dont la formule n'est pas indiquée, « le serment ordinaire, » disent les statuts[3]. Nous possédons, au contraire, les termes du serment très compliqué que chaque sage-femme devait prêter à son curé. Il est assez curieux pour être reproduit en entier.

L'Église enseigne que les enfants morts sans baptême vont dans un lieu spécial, situé aux

[1] Un édit d'août 1674 avait porté à quatre le nombre des sages-femmes jurées du Châtelet.

[2] Article 127.

[3] Article 118.

portes du paradis et nommé les limbes. Il importait donc qu'en cas de danger la sage-femme fît aussitôt avertir un prêtre. Dans une circonstance pressante, elle ou le chirurgien avaient même le devoir d'ondoyer le nouveau-né. Craignait-on qu'il eût cessé de vivre, il fallait employer cette formule : « Si tu es vivant, je te baptise au nom du Père, du Fils et du Saint-Esprit. Ainsi soit-il. » « De cette manière, dit sagement Dionis [1], si l'enfant est vivant, il est bien baptisé ; s'il est mort, le baptême est nul, et les plus scrupuleux ne peuvent blâmer un tel procédé. » L'ondoiement précédait donc toutes les opérations où la vie de l'enfant était menacée. Ainsi, s'il se présentait par la tête, et que la dimension de celle-ci forçât l'accoucheur à employer les fers, il devait d'abord mettre un peu d'eau sur la tête de l'enfant, soit au moyen d'une petite cuillère, soit en y portant ses doigts mouillés. La gastrotomie ne se pratiquait guère qu'après la mort de la mère, mais elle devait être tentée aussitôt après, si l'on soupçonnait que l'enfant pût être encore vivant. La matrice une fois ouverte, le chirurgien soulevait avec

[1] *Traité général des accouchemens*, p. 317.

la main gauche la tête de l'enfant, et l'ondoyait de la main droite[1]. On suppose toujours ici qu'aucun prêtre n'est présent; et en l'absence de prêtre, personne ne doit hésiter à sauver l'âme du nouveau-né. Tout cela explique l'autorité exercée par les curés sur les sages-femmes, qui étaient tenues[2] de prêter entre leurs mains le serment suivant :

Je N., épouse (ou veuve[3]) de N., promets et jure à Dieu, le créateur tout puissant, et à vous, Monsieur, qui êtes son ministre, de vivre et de mourir dans la foi de l'Église Catholique, Apostolique et Romaine, et de m'acquitter, avec le plus d'exactitude et de fidélité qu'il me sera possible, de la fonction qui m'est confiée.

J'assisterai de nuit et de jour dans leurs couches les femmes pauvres comme les riches; j'apporterai tous mes soins pour qu'il n'arrive aucun accident ni à la mère ni à l'enfant. Et si je vois quelque danger qui m'inspire une juste défiance de mes forces et de mes lumières, j'appellerai des médecins

[1] Voy. Dionis, p. 273, 311 et 315.

[2] Sur cette obligation, Voy. *Recueil des actes, titres et mémoires concernant les affaires du clergé de France*. 1716, in-fol., t. V, col. 71 et suiv.

[3] « Pour être sage-femme, il faut être mariée. Il siéroit mal à une fille de vouloir entreprendre d'accoucher les autres, elle qui doit ignorer toutes les circonstances nécessaires pour faire un enfant. » Dionis, *Accouchemens*, p. 417.

ou des chirurgiens, ou des femmes expérimentées dans cet art, pour ne rien faire que de leur avis et avec leur secours.

Je promets de ne point révéler les secrets des familles ni des personnes que j'assisterai, de ne point user ni souffrir qu'on use de superstition ou de moyens illicites, soit par paroles, soit par signes, ou de quelque autre manière que ce puisse être, pour procurer la délivrance des femmes dont les couches seront difficiles et paroîtront devoir être dangereuses; mais de les avertir de mettre leur confiance en Dieu, et d'avoir recours aux sacremens et aux prières de l'Église.

Je promets aussi de ne rien faire par vengeance, ni par aucun autre motif criminel; de ne jamais consentir, sous quelque prétexte que ce soit, à ce qui pourroit faire périr le fruit ou avancer l'accouchement par des voies extraordinaires et contre nature; mais de procurer de tout mon pouvoir, comme femme de bien et craignant Dieu, le salut corporel et spirituel tant de la mère que de l'enfant.

Enfin je promets d'avertir sans délai mon pasteur de la naissance des enfans; de n'en baptiser et de ne souffrir qu'on en baptise aucun à la maison, hors le cas d'une vraie nécessité, et de n'en porter aucun à baptiser aux ministres des hérétiques [1].

En dépit de ces précautions, les sages-femmes, stimulées par le besoin d'argent, se

[1] *Pastorale Parisiense,* 1786, 4 in-4°, t. III, p. 75.

prêtaient souvent à de coupables complaisances. On allait les chercher chez elles, on leur bandait les yeux, et on les conduisait auprès d'une femme qui gardait un masque sur le visage durant toute la durée de l'accouchement. La sage-femme reprenait ensuite son bandeau et était ainsi reconduite à son domicile[1].

Le nombre des avortements, des infanticides et des abandons d'enfants était effrayant[2]. Lestoile écrivait le 14 décembre 1596 : « Y eut une garce pendue à la place Maubert, qui avoit jetté son enfant dans les privés, chose assez commune à Paris. » On apportait à l'Hôtel-Dieu une telle quantité de petits cadavres qu'il avait fallu renoncer à les conduire au cimetière. Une religieuse était chargée de les jeter au fond de *la tour du limbe*, avec un « minot de chaux vive par-dessus, pour les brusler et consommer et empescher la trop grande puanteur[3]. » Patin raconte qu'en 1660, les vicaires généraux de Paris vinrent se plaindre au premier président

[1] H. Estienne, *Apologie pour Hérodote*, édit. de 1879, t. I, p. 395.

[2] Voy. ci-dessous.

[3] A. Rousselet, *Notes sur l'ancien Hôtel-Dieu de Paris*, p. 37.

« que depuis un an six cents femmes se sont confessées d'avoir tué ou étouffé leur fruit, et qu'ils y ont particulièrement pris garde sur l'avis qu'on leur en avoit donné [1]. » Quand une sage-femme était reconnue complice d'un crime de ce genre, le parlement se montrait impitoyable. Mlle de Guerchy, séduite par le duc de Vitry et résolue à cacher sa faute, obtint d'une sage-femme, nommée Constantini, qu'elle se prêterait à un avortement. Mlle de Guerchy étant morte des suites de l'opération, le parlement condamna la Constantini à être pendue et étranglée après avoir subi la question [2].

Cet arrêt jeta un certain discrédit sur la communauté tout entière. Pourtant, ce que, à tort ou à raison, les médecins reprochaient depuis longtemps aux sages-femmes, c'était

[1] *Lettre à Falconet*, 22 juin 1660, t. III, p. 226.

[2] Voy. Gui Patin, *Lettre* du 16 juillet 1660, t. III, p. 239. On a dit que cet événement avait été l'origine du célèbre sonnet de l'*Avorton*, qui eut pour auteur le poète Jean Hesnault, et qui finit ainsi :

> Deux tyrans opposés ont décidé ton sort :
> L'amour, malgré l'honneur, t'a fait donner la vie ;
> L'honneur, malgré l'amour, te fait donner la mort.

Mais Bayle a bien démontré qu'il ne fut pas composé en cette circonstance. Voy. son *Dictionnaire*, édit. de 1720, t. II, p. 1424.

En ce parfait tableau le defaut de peinture,
Se congnoist auiourd'huy clairement à nos yeux,
Pource qu'on n'y peut voir que du corps la figure:
Non l'esprit admiré pour chef d'œuure des Cieux.

LOUISE BOURGEOIS.

Frontispice de ses *Observations sur la stérilité.*

surtout leur ignorance. En 1627, Louise Bourgeois vit la duchesse de Montpensier mourir entre ses mains d'une affection qui présentait tous les caractères d'une péritonite puerpérale. L'autopsie, pratiquée par cinq médecins et cinq chirurgiens, n'imputa point de faute à l'accoucheuse [1]. Celle-ci n'en avait pas moins été soupçonnée, et, avec autant d'imprudence que d'injustice, elle attaqua le procès-verbal et les docteurs qui l'avaient rédigé [2]. Charles Guillemeau, premier chirurgien du roi, se chargea de lui répondre. Ne gardant plus aucun ménagement, il déclara que la mort de la duchesse devait être attribuée aux manœuvres imprudentes de la sage-femme, aux tractions trop répétées et trop brutales exercées sur le placenta qui adhérait à la matrice [3]. Louise Bourgeois était vaincue. Elle passa dès lors sa vie dans la retraite, et mourut le

[1] Voy. *Rapport de l'ouverture du corps de feu Madame*, 4 p. in-12.

[2] *Fidèle relation de l'accouchement, maladie et ouverture du corps de feu Madame. — Apologie de Louise Bourgeois, dite Boursier, sage-femme de la Royne, mère du Roy, et de feue Madame, contre le rapport des médecins.* In-12.

[3] *Remonstrance à Madame Bourcier* (sic), *touchant son apologie contre le rapport que les médecins ont fait de ce qui a causé la mort déplorable de Madame.* In-12 de 14 pages.

20 décembre 1636, âgée de soixante-treize ans.

II

Premiers ouvrages publiés par des chirurgiens sur l'art des accouchements. — Cas où leur intervention est nécessaire. — Premiers accoucheurs; d'où procède leur habileté. — Les accoucheurs préférés aux sages-femmes dès le milieu du dix-septième siècle. — Protestations. — Analyse du volume intitulé : *De l'indécence aux hommes d'accoucher les femmes*. — Louis XIV anoblit l'accoucheur Clément. — Succès des accoucheurs au dix-huitième siècle. — L'accoucheur doit-il être jeune ou vieux, beau ou laid? — Régime des femmes enceintes : saignées, purgations, rapports conjugaux. — Remède contre les chutes. — Le lit de travail. — Moyens pour faciliter l'accouchement : reliques, saints, amulettes, etc. — Présentation de l'arrière-faix. — Peau de mouton noir. — Précautions à prendre après l'accouchement. — Premiers soins à donner à l'enfant. — Le sommeil de l'accouchée. — Les neuf jours d'isolement. — Mauvaise volonté des chirurgiens vis-à-vis des sages-femmes. — La Faculté accorde deux professeurs aux sages-femmes. — Les statuts de 1758. — Discrétion des sages-femmes. — Leurs appartements. — Les accouchées à l'Hôtel-Dieu. — La fièvre puerpérale. — Sages-femmes et accoucheurs célèbres.

On a vu, dans le volume consacré aux chirurgiens, quel dédain professaient pour l'art obstétrical les médecins. Si l'un d'eux était appelé auprès d'une femme en couches, il restait drapé dans sa solennelle nullité, faisait pratiquer le toucher par la sage-femme, et, suivant les constatations qui lui étaient révélées, donnait ses instructions au chirurgien.

Ambroise Paré, dès 1573, avait publié son ouvrage sur les accouchements [1]. Trente-six ans après, Jacques Guillemeau, son élève, faisait imprimer un traité plus pratique [2], reproduit en 1649 dans ses *OEuvres*. « Si l'enfant, y est-il dit, est mal tourné, foible ou languide [3], et que la sage-femme soit au bout de son expérience, il faut pour le garantir de la mort, et par conséquent la mère, qu'on y appelle le chirurgien pour la délivrer et le mettre au monde. Ce (que je diray en passant sans taxer aucunes) qui se fait souventes fois trop tard, par l'opiniastreté des parens et sages-femmes [4]. » A l'époque où Guillemeau

[1] *De la génération de l'homme et manière d'extraire les enfans hors du ventre de la mère. Ensemble ce qu'il faut faire pour la faire mieux et plustost accoucher. Avec la cure de plusieurs maladies qui luy peuvent survenir.* In-8°.

[2] *De la grossesse et accouchement des femmes, du gouvernement d'icelles et moyens de subvenir aux accidens qui leur arrivent.* 1609, in-8°.

[3] Languissant.

[4] *Le gouvernement de la femme enceinte durant les neuf mois de sa grossesse. Et le moyen de la secourir ès maladies qui luy peuvent survenir durant le temps d'icelle.* Dans les *OEuvres*. 1649, in-folio, p. 257.

écrivait cette phrase, quelques accoucheurs s'étaient fait une brillante réputation à la Cour et dans la haute bourgeoisie ; on citait surtout parmi eux Jacques de la Cuisse et son beau-père Bouchet[1]. Anne d'Autriche, ainsi que Marie-Thérèse, eurent recours à des sages-femmes[2] ; mais Mlle de Lavallière et la Dauphine furent délivrées par le chirurgien Julien Clément. Il avait déjà d'habiles confrères : Bonamy ; Paul Portal ; Desforges ; de Frades[3] ; François Mauriceau, qui avait donné en 1668 la première édition de son *Traité des maladies des femmes grosses*, ouvrage resté classique jusqu'à la fin du dix-huitième siècle ; Philippe Peu, dont la *Pratique des accouchemens*[4] jouit aussi d'une grande réputation. Presque tous avaient approfondi leur art et acquis une grande expérience comme chirurgiens de l'Hôtel-Dieu[5], le dernier se

[1] Gui Patin, *Lettre* du 3 mai 1650, t. II, p. 8.

[2] Voy. P. Sue, *Essais historiques sur l'art des accouchemens*, t. I, p. 111. — Toutefois, pour cette dernière, le célèbre accoucheur François Bouchet se tenait dans la pièce voisine, prêt à intervenir, si besoin était. Voy. l'*Index funereus* de Devaux, p. 66.

[3] N. de Blégny, *Le livre commode pour* 1692, t. I, p. 159.

[4] 1694, in-8°.

[5] Voy. J. Devaux, *Index funereus chirurgorum Parisiensium ab anno* 1315 *ad annum* 1714. Paris, 1714, in-12.

vantait même d'y avoir assisté à plus de cinq mille accouchements.

En 1696, un écrivain allemand faisait remarquer que, dans cette spécialité, les chirurgiens français étaient plus habiles que tous les autres. Ce n'est point, ajoutait-il, qu'ils soient doués pour l'obstétrique de dispositions particulières, mais ils ont très souvent l'occasion d'assister des femmes en couches. C'est maintenant la coutume en France que, même les jeunes mariées, mettant de côté toute honte, se laissent voir et manier sans scrupules par les chirurgiens [1], et que des femmes appartenant à toutes les classes de la société souhaitent l'assistance des chirurgiens quand elles sont prêtes d'accoucher. Il en est tout autrement chez les autres nations [2]...

Cette innovation rencontra un ardent adversaire dans le dévot docteur Hecquet, que j'ai déjà présenté à mes lecteurs [3], et qui fut doyen de la Faculté en 1712. Il publia en 1708 [4] un

[1] « Ita enim moris apud ipsos est, ut posito pudore, etiam recens nuptæ ad tactum atque explorationem omnes chirurgos admittant faciles. »

[2] « Longe fit aliter apud ceteras nationes... » *Actorum eruditorum quæ Lipsiæ publicantur supplementa,* t. II (1696), p. 470.

[3] Voy. les *Variétés gastronomiques,* p. 153.

[4] Sur un traité de même nature, publié quelques années

petit volume intitulé : *De l'indécence aux hommes d'accoucher les femmes, et de l'obligation aux femmes de nourrir leurs enfans. Pour montrer par des raisons de physique, de morale et de médecine que les mères n'exposeroient ni leurs vies ni celles de leurs enfans en se passant ordinairement d'accoucheurs et de nourrices.* La préface indique avec clarté quel but a poursuivi l'auteur : « Quelques dames chrétiennes, y est-il dit, pour ne se point laisser séduire à l'usage presqu'établi aujourd'hui de se faire accoucher par des hommes, ont demandé à s'instruire sur cette coutume qui blessoit leur pudeur et offençoit leur piété. Elles ont proposé leurs doutes aux personnes qui les conduisent, et c'est pour soulager les consciences des unes et régler le sentiment des autres qu'on a entrepris ce petit ouvrage. » Et on y a bien étudié la question sous toutes ses faces, comme le démontre surabondamment la *Table des chapitres :*

Chapitre I. — Que la profession d'accoucheur étoit inconnuë dans l'antiquité, et qu'elle est encore aujourd'hui nouvelle, sans titres et sans autorité.

Chapitre II. — Que toutes les nations, à com-

auparavant, mais auquel la situation de l'auteur donnait moins d'autorité. Voy. Dionis, *Accouchemens*, p. 421.

mencer par le peuple hébreu, se sont servies de Sages-femmes, dont la profession est aussi ancienne que le monde et autorisée par les lois.

CHAPITRE III. — Faits et histoires qui prouvent qu'il a été inoüi dans tous les tems que les femmes se soient servies d'hommes dans leurs couches ou en cas semblables.

CHAPITRE IV. — Que les maximes de la Religion chrétienne sont contraires à la profession d'accoucheur.

CHAPITRE V. — Que la profession d'accoucheur est rarement nécessaire.

CHAPITRE VI. — Que la coutume de se servir d'accoucheurs est moins un usage à recevoir qu'une entreprise à réprimer.

CHAPITRE VII. — Que les femmes sont aussi capables de pratiquer les accouchemens que les hommes.

CHAPITRE VIII. — Où l'on répond au reste des objections qu'on fait contre les Sages-femmes.

L'auteur démontre d'abord que l'antiquité accorda toujours sa confiance aux sages-femmes, et il en conclut que « le métier d'accoucheur n'appartient pas aux hommes. Ce n'est en eux qu'une usurpation ou une entreprise téméraire fondée sur la timidité des femmes, qui ont cru par cette indigne soumission assurer leurs vies, et sur la crédulité des maris, qui, par cette dangereuse complaisance, ont cru plus sûrement conserver leurs femmes. Mais on verra dans la suite que c'est abuser de la confiance des uns et des autres, en montrant que le secours d'un accoucheur est rarement nécessaire, et que cette profession est intruse dans le monde, sans titre et de nouvelle invention, dont on s'est toujours aisément passé et dont on peut sûrement se passer encore [1]. »

Hecquet développe ensuite cette thèse qu'une femme oublie toute pudeur et manque à ses devoirs de chrétienne quand elle tolère les soins d'un accoucheur :

A quels dangers ne s'exposent pas des chrétiennes livrées aux mains d'un accoucheur? Car enfin ce sont toûjours de jeunes personnes, d'autant plus susceptibles par conséquent de vivacité et de tendresse à la présence d'un homme qui les touche qu'elles auront été plus retenuës et moins accoutumées à en souffrir d'autre que leur mari. Dans cette disposition, il est mal aisé de répondre de leur imagination, et on doute qu'elles en puissent sûrement répondre elles-mêmes. Dans le temps qu'elles ont à se défendre contre le plus impérieux des sens, la pudeur du moins risque beaucoup alors et n'a pas peu à souffrir.

Prétendra-t-on que le danger des attouchemens ne doit s'entendre qu'en matière grave et de con-

[1] Page 9.

séquence et lorsqu'ils se permettent à mauvaise intention, et qu'une femme en travail se trouve occupée de tout autre sentiment que celui de la présence et de l'action d'un homme? Mais ce n'est point toûjours au moment de la douleur qu'un accoucheur rend visite à une femme; c'est souvent en pleine santé et de sens rassis qu'on l'appelle : comme dans un doute de grossesse où les femmes veulent s'assurer de leur état...

Voudroit-on excuser ces attouchemens et dire qu'ils doivent être sans danger, parce qu'on ne les accorde qu'à bon dessein et dans des occasions sans conséquence? Mais tout est à craindre à la pudeur, et il n'y a rien de sûr ou méprisable pour une chrétienne en cette matière : c'est même un commencement de crime pour elle si elle ne craint point assez. Un Père de l'Église compare la moindre liberté en matière d'impureté à ces petites pierres qu'on jette dans un fleuve : elles n'y excitent d'abord, dit-il, qu'un foible trémoussement, mais qui tout d'un coup passe dans une agitation universelle par les ondes redoublées qui croissent, s'étendent et pullulent, et portent le trouble jusqu'aux bords du fleuve. Ne seroit-ce point ainsi qu'un attouchement accordé à un accoucheur par une personne sage que la mode, la crainte et la complaisance rendent trop docile dans cette occasion pourroit devenir criminel? Car enfin, la volupté est trompeuse, et souvent elle fait d'étranges progrès, pour peu qu'on s'y laisse surprendre. Du moins ne pourroit-ce point être un appas vers le crime? car à force de se laisser toucher par des hommes, ne pourroit-on pas se familiariser à des attouchemens étrangers et dangereux? Et en ce cas, la fidélité dans les mariages seroit-elle bien en sûreté?...

Jadis, si une vierge chrétienne était soupçonnée du crime d'impureté, ce n'étoit point à l'examen des hommes qu'on s'en rapportoit, mais à celui des Sages-femmes. Malgré cette précaution, il s'est trouvé d'habiles auteurs qui ont trouvé à redire même à cette coutume d'exposer le corps d'une fille aux yeux d'une femme; car outre que cette preuve étoit fort incertaine et sujette à méprise, quelques-uns ont crû que c'étoit vendre trop cher à une personne sage la preuve de son innocence, et d'autres que c'étoit détruire ce dont on vouloit s'assurer. Que n'auroient donc pas dit ces sages auteurs de voir aujourd'hui la plûpart des jeunes femmes chrétiennes sous les yeux et entre les mains des accoucheurs? Que d'obscénité n'auroient-ils point remarqué dans cette infâme coutûme! Que d'inconvéniens pour la pudeur! Que de dangers pour l'innocence!

L'auteur entreprend ensuite de réfuter les objections élevées contre l'emploi des sages-femmes.

Les accoucheurs, dit-on, sont plus habiles :

Mais cette habileté n'est pas nécessaire pour les accouchemens, car une sage-femme peut en sçavoir là-dessus autant qu'un homme. Enfin, s'il a plus de cette science inutile, il a de trop encore sa qualité d'homme, qui est un empêchement dirimant pour se faire accoucheur hors des cas de nécessité.

Les sages-femmes se trompent souvent, et les exemples sont nombreux des accidents arrivés par leur faute :

Si l'on ramassoit avec autant de soin et aussi peu de charité les fautes des accoucheurs, peut-être ne trouveroit-on d'autres différences entre les fautes des uns et des autres, si non qu'on a soin d'exposer au grand jour les fautes des unes, tandis qu'on se tait sur celles des autres. Mais accordons cette ignorance si exagérée, à qui plus raisonnablement s'en prendre, ou aux femmes, ou à ceux qui les interrogent et qui les reçoivent? Ce sont messieurs les chirurgiens eux-mêmes qui jugent de l'habileté des sages-femmes; s'ils les trouvent mal instruites, pourquoi les donner au public pour habiles?

On est maintenant habitué à se servir d'accoucheurs, et le monde n'y trouve point à redire :

Mais à quoi ne s'accoutume pas le monde, et à quoi ne nous accoutumeroit-il pas, si on le prenoit pour guide en fait de religion? La passion même lui paroît souvent aimable, et il autorise ordinairement d'indignes usages. Il sera encore un plus mauvais juge quand les choses l'intéresseront autant que celle-ci; car qui ne craint de contrarier une femme grosse, qui a déjà assez à souffrir de son état, et à quoi ne se résout-on pas en sa faveur à la veille de ses couches et lorsqu'elle va donner un héritier?

La vertu, la pudeur des femmes « a-t-elle donc plus à souffrir alors, que quand une femme, une fille, une religieuse se livrent à un chirurgien pour endurer des opérations dans des parties secrètes? Est-il plus honteux à une femme de se laisser accoucher par un homme qu'à une fille, peut-être à une religieuse, de se soumettre à l'application de certains remèdes capables de salir ou d'exciter l'imagination[1]? »

Les opérations que souffrent ces personnes par la main des chirurgiens sont pour guérir des maux incurables sans ces secours, que d'autres que les chirurgiens ne peuvent administrer; la nécessité donc excuse ces opérations... Quant aux ordonnances qui se font de certains remèdes dangereux à la pudeur, on n'entreprend pas de les justifier; car on ne voit pas trop les raisons qu'on peut avoir de mettre des consciences à de telles épreuves. La santé de qui que soit, surtout d'une chrétienne, ne doit pas être rachetée à des conditions si humiliantes à la nature et si périlleuses à la vertu; la mort en ce cas devient préférable.

Ce plaidoyer en faveur des sages-femmes fit grand bruit, mais il faut bien reconnaître qu'il

[1] Il y a ici en note : « Enemata uterina, nascalia, » remèdes qui ne me semblent guère de nature à salir l'imagination.

ne convertit personne. Moins de trois ans après son apparition, Louis XIV accordait des lettres de noblesse à Clément[1], et Dionis écrivait en 1717 : « Les princesses et toutes les dames de qualité choisissent des accoucheurs ; les bonnes bourgeoises suivent leurs exemples, et l'on entend dire aux femmes des artisans et du menu peuple que si elles avoient le moyen de les payer, elles les préféreroient aux

[1] « Encore que l'anoblissement et les autres titres d'honneur que nous accordons soient le plus ordinairement la récompense des services que nos sujets nous rendent dans la profession des armes, cependant nous n'avons pas laissé de départir quelquefois ces grâces à ceux qui ont eu l'honneur de nous rendre leurs services dans des charges qui les ont approchez de plus près de notre personne, ou qui dans des professions ou emplois qui demandent de l'expérience, de la sagesse et de la conduite en ont donné des marques solides.

Et comme notre cher et bien amé Julien Clément, l'un de nos chirurgiens et premier valet de chambre de notre petite-fille la Dauphine, après s'être appliqué pendant plusieurs années aux accouchemens, avoit mérité d'être choisi pour rendre ses services en cette qualité à feuë notre fille la Dauphine, et qu'il a eu l'honneur de recevoir au monde nos petits-fils le Dauphin, le roi d'Espagne et le duc de Berry, qu'il a reçu de même les enfans dont il a plû à Dieu de bénir le mariage de ces princes et princesses de notre sang royal depuis plus de trente-cinq ans : Nous avons cru que sa grande capacité, ses soins et sa sagesse méritoient une marque d'honneur...

Et pour lui donner encore un témoignage plus authentique de notre estime, nous lui permettons d'ajouter auxdites armoiries une fleur de lis d'or sur champ d'azur... »

sages-femmes[1]. » Enfin, Prosper Marchand ajouta en note dans l'édition du *Dictionnaire* de Bayle qu'il donna en 1720 : « La grande mode de Paris est de se servir des accoucheurs et non pas des sages-femmes. Le temps viendra peut-être que la même mode régnera dans la plupart de l'Europe. La honte subira le sort de mille autres choses soumises aux lois bizarres et inconstantes de la coutume[2]. »

Pour Paris, la question était résolue; mais l'on s'y préoccupait encore des conditions physiques qu'il fallait rechercher chez un accoucheur. Devait-il être jeune ou vieux, beau ou laid? C'était un point controversé.

Il y a des gens, écrivait Mauriceau[3], qui disent qu'un chirurgien qui veut pratiquer les accouchemens doit estre mal propre ou à tout le moins fort négligé, se laissant venir une longue barbe sale, afin de ne pas donner aucune jalousie aux maris des femmes qui l'envoient quérir pour les secourir. A la vérité, on en voit qui croient que cette politique leur peut faire donner beaucoup de pratiques; mais qu'ils s'en désabusent, car une semblable mine ressemble plustost à un boucher qu'à un chi-

[1] Page 448. Voy. aussi p. 444.
[2] Rotterdam, 4 vol. in-folio, t. II, p. 1468.
[3] *Traité des maladies des femmes grosses*, p. 266. Je cite toujours l'édition de 1675.

rurgien, dont les femmes ont déjà assez de peur sans qu'il se déguise ainsi.

Dionis dit de son côté :

Celui qui embrasse les accouchemens doit être bien fait de sa personne, n'ayant aucun défaut corporel ni rien de choquant dans son visage. Il faut qu'il soit fait de manière qu'une femme puisse se mettre entre ses mains sans aucune répugnance. Il ne doit être ni trop jeune ni trop vieux; il faut qu'il soit dans la vigueur de son âge et qu'il ait de la force pour pouvoir faire un accouchement laborieux, qui le met quelquefois tout en sueur[1].

Tout le monde convenait qu'une femme enceinte devait être saignée à quatre mois et demi, à sept mois et à neuf mois, « le plus près possible du terme de l'accouchement[2]. » Les chirurgiens s'accordaient moins bien sur le chapitre des purgations[3]. Mais ils ne s'entendaient plus du tout quand il s'agissait de savoir si une femme, durant sa grossesse, devait se refuser à son mari. Mauriceau dit oui et Dionis dit non. Ce dernier appuie son opinion d'expériences personnelles qui ont bien leur valeur : « Mauriceau, conclut-il, ne peut avoir fait ces observations par lui-même,

[1] *Traité général des accouchemens*, 1718, in-8°, p. 413.
[2] Mauriceau, p. 123. — Dionis, p. 138.
[3] Dionis, p. 139.

n'ayant jamais pu avoir un seul enfant en quarante-six années de mariage. Pour moi, qui ai une femme qui a été grosse vingt fois et qui m'a donné vingt enfans dont elle est accouchée heureusement, je suis convaincu que les caresses du mari ne gâtent rien[1]. » Ch. de Saint-Germain leur attribuait les cas de superfétation[2]. Guillemeau les permettait seulement pendant les cinquième, septième et neuvième mois[3].

La femme enceinte qui faisait une chute avait deux moyens de conjurer les suites de cet accident. Il lui fallait avaler aussitôt : soit un morceau de soie cramoisie découpé menu et introduit dans un œuf, soit les germes de sept œufs frais mis dans le jaune d'un huitième[4].

Quand les douleurs apparaissaient, l'on plaçait la femme sur le lit de travail. Large

[1] Dionis, p. 143.

[2] *L'escole méthodique et parfaicte des sages-femmes* [par demandes et par réponses], 1650, in-8°, p. 117.

[3] Pages 262 et 270.

[4] L. Bourgeois, t. I, p. 39. Mais voy. Mauriceau, p. 189, et Ch. de Saint-Germain, p. 158. Ce dernier ordonnait en pareil cas : « Un œuf frais dans lequel on mettra sept ou huit germes d'œufs, avec demy gros de soye rouge cramoisie. Où vingt grains de graine d'escarlate en poudre. » Page 158.

de trois pieds seulement, il était composé de deux matelas; entre eux et dans le milieu, on glissait une planche, afin que le siège n'enfonçât pas dans la laine. Un double traversin tenait relevées la tête et les épaules. Deux chevilles d'un pied de long, fixées à droite et à gauche, étaient saisies par la patiente durant le travail, en même temps qu'à l'extrémité du matelas une barre de bois servait d'appui à ses pieds. Le garde-meuble conservait un lit de ce genre, à l'usage des reines et des princesses; Anne d'Autriche, Marie-Thérèse, la Dauphine furent accouchées ainsi [1].

Une foule de moyens avaient été imaginés pour soutenir le courage des femmes en travail :

Le chirurgien, écrit Dionis, ne doit point s'opposer aux reliques et aux reliquaires qu'on leur apporte dans ce temps-là : s'il paroissoit n'y avoir point de foy, il passeroit pour un hérétique et pour un athée. C'est pourquoy il faut les laisser faire sur cet article; il faut qu'il entende tout et qu'il ne dise mot. Les unes promettent de délivrer un prisonnier; d'autres, de faire dire une neuvaine; d'autres envoient dire des messes; d'autres se font apporter la ceinture de sainte Marguerite, et d'autres vouent leurs enfans au blanc ou au gris : ce

[1] Dionis, p. 209.

sont toutes bonnes actions qui ne gâtent rien[1].

Dionis est loin d'énumérer ici toutes les assistances auxquelles on avait recours en pareille occasion. Soixante-dix saints ou saintes passaient pour faciliter la délivrance des femmes en couches[2]. Les plus influents étaient saint Daniel de Padoue, saint Léon, saint Norbert, saint Léonard, sainte Julienne, sainte Cunégonde, sainte Colette et sainte Marguerite. Dans la chambre de l'accouchée, dit Courval-Sonnet,

> L'un va quérir de l'eau pour resjouir le cœur;
> Le mary tout fasché, faisant la chatte-mitte,
> Lit la vie et la mort de sainte Marguerite[3].

Lors de l'accouchement de Marie de Médicis, « les reliques de madame saincte Marguerite estoient sur une table dans la chambre, et deux religieux de Sainct-Germain des Prez, qui prioient Dieu sans cesser[4]. » Les reliques de sainte Marguerite reposaient, en effet, à Saint-Germain des Prés, et l'abbé les prêta de nouveau pour les couches de Marie-Thérèse

[1] Page 208.
[2] Voy. *Les médecins*, p. 222.
[3] *Les exercices de ce temps. Lucine ou la femme en couches*, 7e satire, p. 55.
[4] L. Bourgeois, t. II, p. 155.

et pour celles de Marie-Victoire, femme du grand Dauphin [1].

Une émeraude portée en amulette [2], une pierre d'aigle placée au cou ou sous l'aisselle [3], une pierre d'aimant [4], rendaient aussi de grands services en cette circonstance.

Pour obtenir bonne délivrance, il était bien utile aussi « de faire asseoir la femme sur le cul d'un chauderon chaud, ou de luy mettre sur le ventre le bonnet de son mary. » Laurent Joubert, sans regarder ces moyens comme infaillibles, leur trouvait de sérieux avantages. « Cette tiédeur, disait-il, ramollit le croupion et le rend plus facile à céder, comme font les fomentations ramollissantes. Il y a moins de raison à ce que les mesmes villageoises font mettre sur le ventre de la femme le bonnet ou chapeau de son mari, sinon par aventure qu'y estant mis, on serre le ventre

[1] Dom Bouillard, *Histoire de l'abbaye de Saint-Germain des Prés*, p. 256 et 257.

[2] Voy. *Les médicaments*, p. 149.

[3] Pomet, *Histoire des drogues*, liv. VIII, p. 44. Quelques auteurs soutenaient que la pierre d'aigle portée au cou préservait d'accidents durant la grossesse et que, attachée à la cuisse au moment de l'accouchement, elle le facilitait. Voy. De la Motte, *Traité complet des accouchemens*, 1765, in-8°, t. I, p. 583 et 586.

[4] L. Bourgeois, p. 39.

pardessus le bonnet, qui en ce cas sert de compresse[1]. »

Entourer la cuisse droite de la patiente avec une peau de vipère contribuait très fort à calmer les douleurs[2]; et au cas de grande fatigue, un petit verre d'eau de tête de cerf[3] était également bien salutaire[4].

« Si une femme estant en travail d'enfant mange de la chair du loup, ou quelqu'un qui en aura mangé s'approche d'elle quand elle commencera à sentir le mal : cela luy donnera un bien grand allégement[5]. »

Les odeurs fortes, comme musc, ambre, civette, galbanum, étaient approuvées par certains chirurgiens, proscrites par d'autres[6].

Pour faciliter l'expulsion de l'arrière-faix, il n'y avait rien de comparable à un morceau d'assa fœtida ou à un rognon de castor[7].

Lorsque la femme est délivrée, il faut que l'accou-

[1] *Erreurs populaires*, 1re partie, p. 340.

[2] *Les médicaments*, p. 123.

[3] « Ce sont les andouillers de la tête du cerf que l'on fait distiller. » Dionis, p. 207. — De la Motte recommande encore l'eau de tête de cerf en 1765; « elle abonde, dit-il, en parties spiritueuses. » Tome I, p. 587.

[4] L. Bourgeois, t. I, p. 106.

[5] Jacques du Fouilloux, *La venerie*, 1585, in-4°, p. 113, v°

[6] Guillemeau, p. 309, et Mauriceau, p. 368.

[7] L. Bourgeois, t. I, p. 111

cheur fasse mettre l'arrière-faix dans un plat, pour le laisser voir et examiner par un chacun. C'est une circonstance qu'il ne faut pas qu'il oublie; car si, par malheur, dans la suite de la couche il survenoit quelque accident, les commères ne manqueroient pas de l'attribuer à quelque morceau de l'arrière-faix resté, s'il ne l'avoit pas exposé aux yeux de tout le monde[1].

Aussitôt après, il devait couvrir le ventre de l'accouchée avec la peau toute chaude d'un mouton noir[2], qu'un boucher venait écorcher sur place[3]. Aux premières couches de la Dauphine, le boucher ayant terminé son œuvre dans une pièce voisine, se hâta de gagner celle de la princesse, portant dans son tablier la peau qu'il craignait de laisser refroidir. Mais celle-ci tenait encore à l'animal par un lambeau, de sorte que le mouton écorché et tout sanglant arriva ainsi jusqu'aux pieds du lit[4]. La frayeur des assistants fut telle que Clément renonça dès lors à ce remède[5].

On appliquait aussi sur le ventre de la femme « une petite emplâtre de galbanum,

[1] Dionis, p. 222.

[2] Ou d'un lièvre, suivant L. Bourgeois, t. I, p. 122.

[3] A. Paré, p. 949. — L. Bourgeois, p. 122. — Mauriceau, p. 366.

[4] Dionis, p. 323.

[5] La peau de mouton écorché vif était aussi regardée

au milieu de laquelle il y eut un peu de civette. Elle est propre à tenir la matrice en état, parce que, se réjouissant d'une telle odeur, elle se relève d'elle-même pour s'en approcher[1]. »

Les seins étaient ensuite recouverts d'un petit matelas de laine[2].

Si l'enfant était resté longtemps au passage, on étendait sur les parties distendues et douloureuses un cataplasme anodin, dans lequel entraient deux onces d'huile d'amandes douces et deux œufs frais : le tout cuit comme des œufs brouillés, dit Dionis[3].

Aussitôt l'enfant nettoyé et emmailloté, on lui soufflait dans la bouche un peu de vin[4]. Lors de la naissance de Henri IV, son grand-père « ayant pris une dosse d'ail luy en frotta ses petites lèvres, » et lui mit dans la bouche une goutte de vin « que l'enfant avala fort bien[5]. » Louise Bourgeois en fit autant pour

comme un bon remède contre la gangrène. Le 9 mai 1774, on l'employa pour Louis XV, que l'on en croyait atteint. Voy. P. de Mairobert, *Journal historique*, t. V, p. 201.

[1] Mauriceau, p. 366.

[2] Dionis, p. 324.

[3] Dionis, p. 322.

[4] Ch. de Saint-Germain, p. 339. — Guillemeau, p. 308.

[5] A. Favyn, *Histoire de Navarre*, 1612, in-folio, liv. XIII, p. 809.

Louis XIII : « Je demande du vin à M. de Lozeray, l'un des premiers valets de chambre; il apporta une bouteille. Je lui demande une cuillier. Le Roy print la bouteille qu'il tenoit. Je lui dis : « Sire, si c'estoit un autre enfant, je mettrois du vin dans ma bouche et lui en donnerois, de peur que la foiblesse ne dure trop. » Le Roy me mit la bouteille contre la bouche et me dit : « Faictes comme à un autre. » J'emplis ma bouche de vin, et lui en soufflay. A l'heure mesme, il revint et savoura le vin que je lui avois donné[1]. »

Dionis nous révèle une autre coutume assez curieuse :

Il y a un cérémonial que les gardes n'oublient point, et qu'elles ne manquent pas de pratiquer aussitôt que l'enfant est emmailloté, c'est de mettre deux pois au bas des joues, vers les angles de la bouche, et de les y appuyer, pour y former deux petits trous qu'elles disent y demeurer toute la vie quand on le fait au moment de la naissance, lorsque les chairs sont encore tendres : ce qui est un trait de beauté aux filles principalement.

Mais ce qui est plus avantageux pour les gardes, c'est qu'elles ont la coutume de demander au père de l'enfant un écu d'or pour lui en frotter les lèvres, afin qu'elles soient vermeilles pendant toute sa vie.

[1] L. Bourgeois, t. II, p. 159.

Et de fait, elles en frottent les lèvres de l'enfant, et elles mettent ensuite l'écu d'or dans leur poche, qu'elles disent être un droit attaché à leur charge[1].

Il fallait à tout prix empêcher que l'accouchée s'endormît après sa délivrance[2]. « Quelque volonté qu'elle puisse avoir de dormir, luy sera défendu de ce faire, mais sera entretenuë de belles paroles, et sa garde lui accommodera ses tétins[3]. » Dionis dit de son côté : « Il y en a qui ne veulent pas qu'on laisse si-tôt dormir les femmes accouchées, à cause des grandes évacuations qu'elles ont faites : c'étoit un usage qui se pratiquoit chez la Reine; et dans ses dernières couches, j'ai eu l'honneur de l'entretenir, afin qu'elle ne s'endormît pas que les premières quatre heures fussent passées[4]. »

A la Cour et dans la haute société, après que les assistants s'étaient retirés, personne n'entrait plus dans la chambre de l'accouchée durant les neuf jours suivants. Les fenêtres étaient hermétiquement fermées et une bougie restait allumée auprès du lit nuit et

[1] Dionis, p. 371.
[2] Voy. ci-dessus, p. 71.
[3] Guillemeau, p. 309.
[4] Dionis, p. 223 et 321.

jour[1]. On sait que toute la Cour assistait à l'accouchement des princesses du sang; celui des reines était même public[2].

Si la femme devait nourrir et que son lait fût peu abondant, on lui attachait sur le sein une pierre de croix[3]. Mais ce cas était rare, car en 1718 déjà, « non-seulement les dames de qualité, mais encore les bourgeoises et les femmes des moindres artisans *avaient* perdu l'habitude de nourrir leurs enfants[4]. » On s'efforçait donc plus souvent de faire tarir le lait, et le moyen recommandé en pareil cas était de « fomenter les tétins avec de la sauge bouillie dans de l'urine[5]. »

Tout ceci, les sages-femmes le savaient aussi bien que les chirurgiens; et en dépit de la mauvaise volonté qu'elles rencontraient auprès d'eux, elles s'efforçaient de se perfectionner dans leur art, de se tenir au courant des très lents progrès qui y étaient apportés. « Il y

[1] Dionis, p. 326.

[2] Voy. Mme de Genlis, *Dictionnaire des étiquettes*, t. I, p. 100. — Mme Campan, *Mémoires*, t. I, p. 116.

[3] Voy. *Les médicaments*, p. 135.

[4] Dionis, p. 355.

[5] L. Bourgeois, t. I, p. 149. — Sur l'emploi de l'urine dans la thérapeutique, voy. *Les médicaments*, p. 100, 102 et passim.

a, disait Dionis[1], de meilleures sages-femmes à Paris qu'en aucune ville du royaume. » On s'était décidé, en effet, à leur faciliter l'accès de l'Hôtel-Dieu, et elles y passaient trois mois avant de subir leur examen. Pendant six semaines, elles assistaient chaque jour aux accouchements ; elles les pratiquaient ensuite, sous la direction de la maîtresse sage-femme. En outre, des arrêts rendus par le parlement les 29 mars et 5 mai 1732[2] ordonnèrent aux démonstrateurs de Saint-Côme « de ne faire aucunes dissections de corps de femmes sans y appeler les sages-femmes et leurs aspirantes[3]. » Quatre ans après, le lieutenant criminel menaçait d'une amende de 300 livres celles qui s'établiraient avant d'avoir passé leur examen et prêté serment[4].

Les contrevenantes ne manquaient pourtant pas d'excuses à faire valoir. La meilleure était que les chirurgiens avaient fini par ajourner sans cesse les demandes d'examen. Enfin, le 29 juin 1745, les sages-femmes, au nombre de quarante, adressèrent requête à la

[1] Page 418.
[2] A la requête des jurées sages-femmes du Châtelet.
[3] Verdier, *Jurisprudence de la chirurgie*, t. II, p. 476.
[4] Sentence du 21 mars 1736.

Faculté. Elles la suppliaient très humblement de vouloir bien leur donner les moyens de s'instruire; demandaient qu'on leur enseignât l'anatomie « des parties du corps de la femme qui ont trait aux accouchemens; » qu'on les admit aux dissections quand elles se pratiquaient sur des femmes; surtout qu'on reprit les examens abandonnés depuis deux ans. Cette requête, très bien faite, et qui a été transcrite dans les *Commentaires* [1], fut accueillie par la Faculté. Elle accorda aux sages-femmes deux professeurs : Bertin pour l'anatomie et Astruc pour l'enseignement pratique. Les sages-femmes et leurs élèves étaient seules admises à ces cours; on autorisa toutefois la présence des docteurs et des bacheliers, mais à condition qu'ils fussent en grand costume, « pourvu qu'ils fussent vêtus des robes longues qu'ils portent dans les écoles, bonnet quarré, rabat, etc. »

Bertin et Astruc professaient à la Faculté; mais deux ans après, le collège de chirurgie eut aussi deux chaires d'accouchements, créées par le testament de La Peyronie [2], qui légua

[1] Tome XX. — Elle a été publiée par Hazon, *Éloge historique de la Faculté*, p. 30.

[2] Voy. *Les chirurgiens*.

dans cette intention 1,000 livres de rentes à ses confrères de Saint-Côme. L'un des cours était destiné à former des accoucheurs, l'autre était suivi par les sages-femmes et leurs élèves [1]. Le premier chirurgien du roi nommait les titulaires [2]. Ce furent, au début, Gervais et Nicolas Puzos; ce dernier, élève de Clément, reçut des lettres de noblesse en 1751.

On songea aussi, vers le même temps, à faciliter l'instruction des sages-femmes au moyen de pièces anatomiques factices. Une dame Lenfant fabriquait « des fantômes et des mannequins très propres pour l'exercice manuel des accouchemens. Les proportions naturelles, soit dans le bassin, soit dans le fœtus sont exactement observées, » disait une réclame publiée en 1773 [3].

Les statuts de mai 1768, qui réorganisèrent le collège de chirurgie, modifièrent fort peu la situation faite aux sages-femmes par les statuts de 1699. Toutefois, elles furent autorisées à faire leur apprentissage chez un accoucheur, mais ne purent plus se présenter à l'examen avant l'âge de vingt ans [4]. En outre, chacune

[1] *Statuts de* 1768, art. 52.
[2] *Statuts de* 1768, art. 57.
[3] *Affiches, annonces et avis divers*, numéro du 24 février.
[4] *Statuts de* 1768, art. 130.

d'elles ne dut avoir à la fois plus d'une « apprentisse[1]. »

L'aspirante qui avait subi avec succès son examen recevait un brevet, écrit sur parchemin et ainsi libellé :

Jean-Baptiste-Antoine Andouillé, Conseiller d'État, premier Chirurgien du Roi, Chef et Garde des Chartes, statuts et privilèges de la Chirurgie du Roiaume, Président de l'Académie Roiale de Chirurgie et Associé libre de l'Académie Roiale des Sciences de Paris : A tous ceux qui ces présentes lettres verront, Salut.

Savoir faisons que, sur la requête à nous présentée par Anne-Charlotte Causire, femme du sieur Étienne Baudouin, marchand de vins à Paris, âgée de trente-trois ans, suivant son extrait baptistaire tiré des registres de la paroisse de Saint-Paul de cette ville, en date du vingt-trois septembre mil sept cent cinquante-un, faisant profession de la Religion Catholique, Apostolique et Romaine : contenant qu'elle s'est appliquée à l'étude de l'art et science des accouchemens sous dame Anne-Charlotte-Françoise, sa mère, femme du sieur Philippe-Joseph Causire, elle maîtresse Sage-femme à Paris, a suivi deux cours d'accouchemens sous les Professeurs royaux au Collège de chirurgie de Paris, suivant les deux attestations à elle délivrées le même jour vingt-neuf novembre dernier.

Et désirant se faire recevoir maîtresse Sage-

[1] *Statuts de* 1768, art. 138.

femme à Paris, elle nous supliait lui donner jour pour subir ses examens, à l'effet de parvenir à sa réception, notre Lieutenant[1] a ordonné que ladite requête et les pièces y énoncées seraient communiquées aux prévôts dudit Collège; lesquels, en aiant eu communication, ont consenti que jour fut donné à la supliante.

Vu lequel consentement, notre Lieutenant a ordonné que la supliante serait tenue de se présenter cejourd'hui, dix heures du matin, aux Écoles de chirurgie.

Où étant comparue, conduite et présentée par la dame Dugès, maîtresse Sage-femme et jurée en titre au Châtelet de Paris, notre Lieutenant l'a interrogée et examinée, fait interroger et examiner par les Prévôts dudit Collège, les quatre Chirurgiens et Jurées Sages-femmes dudit Châtelet, tant sur la théorie que sur la pratique dudit art des accouchemens, en présence du Receveur en charge, du Doien, des deux Prévôts et du Receveur derniers sortis de charge, et de quatre membres de la classe en tour de la Chambre du Conseil dudit Collège de chirurgie.

Après lesquels examens, ladite femme Baudouin s'étant retirée, il a été pris l'avis de l'assemblée, qui l'a trouvée capable. En présence de Me Sallins[2], Doyen de la Faculté de médecine de Paris et Mé-

[1] C'était alors Pierre Lassus, qui devint chirurgien consultant de Napoléon Ier.

[2] Charles-Henri Salin, qui fut doyen de 1785 à 1788. Voy. Sabatier, *Recherches historiques sur la Faculté de médecine*, p. 398.

decin dudit Châtelet, et de Me Leclerc, aussi Médecin dudit Châtelet.

En conséquence, nous avons ladite Anne-Charlotte Causire, femme dudit sieur Étienne Baudouin, reçue et admise, recevons et admettons maitresse Sage-femme à Paris, pour y exercer et partout le Roiaume l'art et science des accouchemens, et jouir des mêmes droits, privilèges et immunités dont jouissent et doivent jouir les autres maîtresses Sages-femmes reçues pour la même ville. A la charge par elle de se conformer aux réglemens concernant l'exercice dudit art et science, et de paier entre les mains du Receveur dudit Collége de chirurgie les droits de visite et de confrairie. Et à l'instant, notre Lieutenant a pris et reçu de la dite dame Baudouin le serment au cas requis et accoutumé.

En témoin de ce, nous avons fait signer ces présentes par notre Lieutenant, et icelles fait contresigner par Me Roch-Jacques-André Petit, Procureur au Châtelet et Greffier de notre Chambre de juridiction au Collège de chirurgie.

Fait et donné à Paris, audit Collége de chirurgie, le jeudi seize décembre mil sept cent quatre-vingt-quatre.

LASSUS. — PETIT[1].

Les sages-femmes, associées aux chirurgiens, avaient comme eux pour patrons saint Côme et saint Damien. Dans les dernières

[1] Original sur parchemin, appartenant à l'auteur.

années du dix-huitième siècle, elles étaient au nombre de deux cents environ [1]. Mercier, qui me fournit ce chiffre, ajoute qu'il naissait alors à Paris environ vingt mille enfants chaque année, et que l'on y trouvait « autant de facilité à les mettre au monde qu'à les procréer [2]. » Pour le prouver, il célèbre la discrétion des sages-femmes, et dépeint ainsi l'intérieur de leurs appartements :

Quand une fille est devenue mère, elle dit qu'elle va à la campagne ; mais elle n'a pas besoin de sortir de la ville, même du quartier, pour se cacher et faire ses couches. Chaque rue offre une sage-femme qui reçoit les filles grosses. Un même appartement est divisé en quatre chambres égales au moyen de cloisons, et chacune habite sa cellule, et n'est point vue de sa voisine. L'appartement est distribué de manière qu'elles demeurent inconnues l'une à l'autre pendant deux à trois mois; elles se parlent sans se voir.

On ne peut forcer la porte d'une sage-femme que par des ordres supérieurs. La fille attend le moment de sa délivrance un mois ou six semaines, selon qu'elle a bien ou mal calculé. Elle sort après la quinzaine et rentre dans sa famille et dans la so-

[1] Abbé Jaubert (1773), t. IV, p. 37. — Mercier (1783), t. V, p. 59. — Hurtaud, en 1779, donne le chiffre de 252, t. I, p. 319.

[2] *Tableau de Paris*, t. V, p. 73.

ciété. Elle a pu accoucher dans une rue voisine, voyant de sa fenêtre celles de son père, sans que celui-ci s'en doute : et voilà ce que la province ne sauroit concevoir.

La sage-femme se charge de tout, présente l'enfant au baptême, le met en nourrice ou aux Enfans-trouvés, selon la fortune du père ou les craintes de la mère[1].

Pour les misérables, il y avait l'Hôtel-Dieu. J'ai décrit plus haut cet enfer et parlé des infamies qui s'y commettaient; mais je ne saurais donner une idée exacte du sort qui y attendait les femmes enceintes qu'à la condition de rappeler quelles attentions les entourent aujourd'hui dans nos hôpitaux.

Les salles sont fréquemment lavées à l'eau phéniquée au 1/20 et désinfectées par les vapeurs sulfureuses de temps à autre. Des bouilleurs, contenant de l'eau phéniquée au 1/20, fonctionnent en permanence.

Les femmes sont soumises aux soins de la propreté la plus stricte. Toute personne qui entre dans la salle d'accouchements doit se savonner et se brosser les mains, et les laver ensuite avec une solution de bichlorure de mercure à 1 pour 1000.

Tous les instruments et objets non métalliques sont conservés dans la solution de Van Swieten. Seuls les instruments métalliques, passés d'abord à

[1] *Tableau de Paris*, t. V, p. 54.

l'eau bouillie, sont conservés dans l'alcool absolu et flambés avant de s'en servir[1].

A l'Hôtel-Dieu, les femmes grosses étaient traitées comme les autres malades. On en entassait jusqu'à quatre, deux à la tête et deux aux pieds, dans des lits de 1m30c où tout mouvement était impossible, où les malheureuses devaient rester sans cesse couchées sur le côté, à moins qu'elles ne s'entendissent pour passer alternativement une partie de la nuit sur un banc placé près du lit. Les commissaires nommés par l'Académie des sciences[2] écrivaient en 1786 :

Qu'on se représente ces femmes réunies quatre ou plus dans un lit, à diverses époques de leurs couches, avec les évacuations naturelles qui les inondent et les infectent, le sein tendu, la tête et le ventre douloureux, au milieu de la fièvre et de la sueur de lait. Quelle santé tiendroit à cette situation sans se déranger? Quelle maladie n'en seroit point accrue? Et que l'on entr'ouvre ces lits, il en sort des vapeurs chaudes et infectes, des vapeurs qui sont sensibles à l'œil, et que l'on peut diviser et écarter avec la main. Ces vapeurs se mêlent à l'air de la salle.

[1] P. Chavasse, *Éléments de petite chirurgie*, 1887, in-12, p. 116.

[2] Voy. ci-dessus, p. 36, et *L'hygiène*, p. 177 et suiv.

Nous avons dit que ces salles n'ont de jour et d'air que d'un côté; et avec tant de moyens d'infecter l'air, il y a peu de facilité pour le renouveler. L'air de ces salles est d'ailleurs altéré par les émanations des salles inférieures, surtout de celles des blessés et des opérations, qui sont immédiatement au dessous, et par toutes les sources de corruption dont ces salles de blessés sont entourées. Ainsi les femmes grosses, les accouchées sont environnées d'infection; elles sont nuit et jour dans un air corrompu. Il n'est pas seulement corrompu, il est continuellement humide. L'étage supérieur est occupé par des séchoirs, où par conséquent on entasse du linge mouillé, qui communique son humidité au plancher; devant les fenêtres sont d'autres linges suspendus pour sécher. Ces salles sont donc entretenues dans une humidité perpétuelle, toujours plus développée par la chaleur, toujours augmentée par les vapeurs de la transpiration. Or on sait que l'humidité est mortelle aux femmes en couche.

Dans un pareil milieu, la fièvre puerpérale était en permanence. Durant l'hiver de 1746, une épidémie se déclara, et l'on ne sauva guère plus d'une femme sur vingt, il en mourait donc quatre-vingt-quinze sur cent. Écoutons encore l'Académie des sciences :

En 1746, il y eut une épidémie sur les femmes en couche; elle fit les plus grands ravages à l'Hôtel-Dieu, et sur 20 femmes qui en étoient atteintes, à peine pouvoit-on en réchapper une. En 1774, il y eut dans cet hôpital une épidémie qui a reparu tous les hivers jusqu'en 1781 et qui règne encore plus ou moins chaque année dans les temps froids. Ces faits sont tirés des mémoires que M. Tenon nous a communiqués[1]. On y voit que toutes les femmes frappées de cette épidémie périssoient, et sur 12, 7 étoient attaquées : l'Hôtel-Dieu perd donc quelquefois plus de la moitié des femmes qui y vont accoucher. Ces épidémies étaient dues la plupart à la fièvre puerpérale; et lorsqu'elle survient à l'Hôtel-Dieu, au milieu de ces femmes assemblées en nombre, et dans les mêmes salles et dans les mêmes lits, on peut juger de ses ravages[2].

Et les hôpitaux bien tenus ne connaissent plus cette maladie! Le professeur Tarnier disait à la tribune de l'Académie de médecine : « En 1856, quand je fus nommé interne de la Maternité, la mortalité des femmes en couches était d'environ dix pour cent. En 1884, sur près de mille femmes entrées à la Maternité, nous n'avons eu qu'un seul décès[3]. » Il est vrai que ce progrès est dû, pour une large part, à l'emploi des antiseptiques.

[1] Voy. ces *Mémoires*, p. 230 et suiv. Je cite de préférence le rapport à l'Académie, qui résume en quelques lignes le très long chapitre de Tenon.

[2] Pages 47 et suiv.

[3] Dr J. Rochard, dans la *Revue des Deux Mondes*, numéro du 15 avril 1889, p. 856.

Vers la fin du siècle, on citait parmi les meilleures sages-femmes de Paris, mesdames :

JAUNAY, *à l'Orme Saint-Gervais.*
CAPITAINE, *à la pointe Saint-Eustache.*
LEBRUN, *rue de Bourbon-Villeneuve.*
HAUMANIÈRE, *rue Baillet.*
L'ENFANT, *rue des Mathurins.*

A la même époque, les accoucheurs le plus en vogue étaient MM. :

BOURGEOIS, *rue de la Jussienne.*

JARRE, *rue de Seine.* — Il avait accouché la Dauphine.

GERVAIS, *rue Saint-Antoine.* — Reçu maître en 1725, il professa au collège de 1750 à 1772, année de sa mort.

A.-F. BARBAULT, *rue Regratière.* — Reçu maître en 1732, il professa au collège de 1772 à 1784, année de sa mort.

ANDRÉ LEVRET, *rue des Vieux-Augustins.* — Accoucheur de la Dauphine, mère de Louis XVI, il a inventé quelques instruments et a publié de nombreux ouvrages relatifs à son art.

RUFFEL, *rue du Hasard,* du côté de la rue Sainte-Anne.

THÉVENOT, *rue de la Grande-Truanderie,* du côté de la rue Saint-Denis.

RENÉ-MICHEL PÉAN. — Reçu maître en 1749, il professa au collège de 1772 à 1774, année où il fut envoyé à Naples pour accoucher la reine Marie-

Caroline. Il est l'inventeur d'un forceps qui porte son nom.

FRANÇOIS-ANGE DELEURYE, *quai d'Orléans.* — Reçu maître en 1758, il professa au collège de 1776 à 1789, année de sa mort. Il a publié un *Traité des accouchemens* qui a eu plusieurs éditions.

JEAN LEBAS. — Reçu maître en 1756, il professa au collège de 1774 à 1793, et mourut en 1797.

GUILLAUME-LOUIS PIET. — Reçu maître en 1769, il professa de 1784 à 1793, et mourut en 1807.

JACQUES-ANDRÉ MILLOT, *rue Richelieu.* — Accoucheur des duchesses de Chartres et de Bourbon, il a publié un très grand nombre d'ouvrages, et a perfectionné le forceps de Levret. Il est mort en 1811.

TAILLANDIER DE LA BUSSIERRE. — Il fit pendant longtemps, dans la rue de la Harpe, un cours destiné à former des sages-femmes et des accoucheurs.

VERMONT, accoucheur de la reine. Il fonda en faveur de son art un prix annuel de trois cents francs, qui fut décerné pour la première fois en 1785.

JEAN-LOUIS BAUDELOCQUE. — Reçu maître en 1776, il devint chirurgien de la Charité, puis premier accoucheur de Marie-Louise. Il est mort en 1810.

LES OPÉRATEURS

I

LES DENTS ET LES DENTISTES.

I. Antiquité de l'art dentaire. — N'arrachez pas, guérissez. — Les tenailles de plomb. — Hippocrate et Celse. — Râteliers complets déjà en usage à Rome. — Les dents de saint Louis, de Charles le Téméraire, de Charles VII et de François Ier. — Remèdes contre l'odontalgie. — Montaigne et son mal de dents. — Les emplâtres de mastic. — L'origine des mouches. — Les dents de Henri IV. — Le plombage et la prothèse. — Les râteliers au seizième siècle. On les ôte pour manger. — Moyens thérapeutiques contre la douleur. — Brantôme et Jean de Renou. — Autres remèdes préconisés contre le mal de dents : les huiles, les cantharides, la saignée, le tabac, les crottes de chat sauvage, les dents de mort, etc. — L'anesthésie au commencement du dix-septième siècle. — Comment l'on arrachait, comment l'on faisait tomber sans douleur les dents cariées. — La transplantation et la coupure des dents. — La fabrication des fausses dents.

Si, ce dont je doute, l'histoire de la coquetterie prend place un jour dans ces petits volumes, j'établirai sans peine qu'elle remonte à la création de la première femme. J'ai raconté ailleurs[1] que les dames romaines ne dédaignaient pas les nattes postiches, et que le commerce des cheveux fut de fort bonne heure en pleine activité. Mais les tresses brunes ou blondes sont surtout utilisées comme ornement; en cela très inférieures aux dents qui, outre leur valeur décorative, constituent des objets de première nécessité. Aussi les nobles et vénérables origines de l'odontotechnie se perdent-elles dans la nuit des âges. Veuillez donc, chers lecteurs, vous reporter trois mille ans en arrière, soit treize siècles avant la naissance de Jésus-Christ.

En ce temps-là vivait, à ce qu'on dit, le célèbre Esculape, un médecin parfait, ἰητὴρ ἀμύμων suivant Homère. On le soupçonne, il est vrai, d'avoir absorbé la gloire conquise par toute sa famille, car Cicéron nous apprend qu'il y eut quatre Esculapes. Un seul nous intéresse ici, le troisième, à qui revient, paraît-il, l'honneur d'avoir inventé l'usage des purgations et l'art d'arracher les dents[2].

De cet art, on n'abusait guère, il faut bien le reconnaître, et trois cents ans avant Jésus-

[1] Voy. *Les soins de toilette.*

[2] « Qui primus purgationem alvi dentisque evulsionem invenit. » *De natura deorum*, lib. III, § 22.

Christ, un anatomiste grec avait déjà formulé le fameux aphorisme : « N'arrachez pas, guérissez! » Les anciens, dit Jean Liébaut, « tenoient tant de compte, faisoient si grand cas de leurs dents, qu'ils ne les tiroient ny arrachoient jamais qu'elles ne branslassent et tombassent quasi d'elles-mesmes. En tesmoignage et advertissement de quoy, au temple d'Apollo y avoit une tenaille à tirer les dents, faicte de plomb, pour signifier qu'il ne falloit tirer la dent si elle ne branle et vacille tellement qu'elle puisse estre arrachée et tirée avec une tenaille de plomb, c'est-à-dire sans force ou violence aucune; autrement non [1]. » Cette ingénieuse idée appartenait au médecin Érasistrate, c'est Cælius Aurelianus qui l'affirme [2]. Hippocrate ne recourait aussi à l'ablation que dans les cas désespérés. Il écrivait : « Quant aux douleurs causées par les dents, si la dent est cariée et branlante, il faut l'ôter; si, sans être ni cariée ni branlante, il existe cependant de la douleur, il faut la dessécher en la brûlant [3]. » Celse se montre aussi

[1] *Trois livres de l'embellissement du corps humain*, 1582, in-12, p. 310.

[2] *De morbis chronicis*, lib. II, cap. IV, édit. A. de Haller, t. II, p. 135.

[3] *Des affections*, § 4, trad. Littré, t. VI, p. 213. — On

sage, et il recommande d'affermir les dents branlantes en les attachant à leurs voisines avec des fils d'or[1]. De là à en substituer de nouvelles, il n'y avait qu'un pas.

J'ignore qui a découvert l'art si précieux de remplacer les dents absentes par de jolis os tout neufs, mais il est permis d'affirmer que, cent ans après Jésus-Christ, cet art était déjà parvenu à une certaine perfection. « Tu ôtes tous les soirs tes dents comme ta robe, » dit impoliment le poète Martial à une vieille Romaine[2]. On pouvait, en effet, se procurer déjà des râteliers complets d'os ou d'ivoire[3], reliés par des fils d'or et adhérant aux gencives[4].

Les ignorants barbiers qui représentèrent d'abord en France l'art chirurgical[5] ne connaissaient pas les ingénieux procédés inventés par les dentistes romains. Quand saint Louis

passait légèrement et rapidement un fer rouge sur la gencive.

[1] « Auro cum iis qui bene hærent vinciendi sunt. » *De medicina*, lib. VII, cap. XII.

[2] « Nec dentes aliter quam serica nocte deponas. »
(Epigr., lib. IX, ep. 38.)

[3] « Sic dentata sibi videtur Ægle,
Emptibus ossibus Indicoque cornu. »
(*Ibid.*, lib. I, ep. 73.)

[4] Cicéron, *De legibus*, lib. II, cap. XXIV.

[5] Voy. *Les chirurgiens*.

mourut, à cinquante-cinq ans, sa mâchoire inférieure ne possédait plus qu'une seule dent. Parmi les précieuses reliques conservées dans le trésor de Saint-Denis figurait « la mandibule monsieur saint Louys, roy de France, tout entière défaillant à l'exception d'une dent[1]. »

Au début du quatorzième siècle, il existait à Paris un barbier qui semble s'être spécialement occupé d'odontotechnie, car la *Taille de* 1313 mentionne dans la Cité : « Martin le Lombart, qui trait les denz[2]. » C'est sans doute tout ce qu'il savait faire. *Le ménagier de Paris* (1393) indique comme remède contre l'odontalgie les gargarismes avec une décoction de feuille de sauge[3]. Mais à cela se borna pendant longtemps la science des dentistes, car le corps de Charles le Téméraire, retrouvé sur le champ de bataille de Nancy, fut reconnu à ce qu'il ne lui restait plus de dents à la mâchoire supérieure : « Il fut, dit Jean de Troyes[4], reconnu à six choses, la première et

[1] *Inventaire manuscrit du trésor de Saint-Denis*, dressé en 1634, et publié par F. D'Ayzac, *Histoire de l'abbaye de Saint-Denis*, t. II, p. 548.

[2] Page 155.

[3] Tome II, p. 257.

[4] *Chronique*, édit. Michaud, t. IV, p. 329.

la principale fut aux dents de dessus, lesquelles il avoit autrefois perdues par une cheute. »

Celles de Charles VII valaient-elles mieux? J'ai avancé [1] que, selon toute apparence, il était mort d'un cancer à la joue. Le mal se serait déclaré après l'extraction d'une dent gâtée, mais le roi souffrait depuis longtemps d'une plaie cancéreuse à la jambe. Le chroniqueur Jean Chartier, dont le récit a été jusqu'ici universellement accepté, raconte que Charles VII se laissa mourir de faim; il est très probable que s'il mourut ainsi, ce fut bien malgré lui. Épuisé de vieille date, il ne put sans doute supporter l'abstinence prolongée à laquelle l'état de sa bouche le condamnait [2].

Je serais fort tenté de croire que François Ier eut aussi de mauvaises dents, car on lui trouve un dentiste en titre, Guillaume Coureil [3], et son médecin Jean Gœurot ne dé-

[1] Dans *Les médecins*, p. 60.

[2] Voy. Jean Chartier, *Chronique*, édit. elzév., t. III, p. 112. — Ph. de Commynes, *Mémoires*, édit. de 1747, t. II, p. 307. — Vallet de Viriville, *Histoire de Charles VII*, t. III, p. 457. — Du Fresne de Beaucourt, *Histoire de Charles VII*, t. VI, p. 439, et une lettre du docteur Notta, insérée p. 458.

[3] A. Chéreau, dans l'*Union médicale*, numéro du 26 février 1863, p. 387.

daigna pas de donner une grande place à l'art dentaire dans un petit volume que j'ai déjà cité[1]. Il reconnait d'abord que l'odontalgie, « entre aultres immortelles passions desquelles l'homme ha douleur, est plus moleste. » Aussi indique-t-il une foule de remèdes pour la calmer : Tenir en la bouche eau camphrée ou décoction de camphre dans du vinaigre; mettre dans la dent cariée un peu de coton imbibé d'huïle d'aspic; se gargariser avec une décoction de pyrèthre, de menthe et de rue mêlée à du vin chaud; pour blanchir les dents, le fond de toutes les préparations est la corne de cerf[2]. La *Civilité* d'Érasme, publiée en 1530, nous enseigne que l'on employait également pour cet usage différentes poudres; que l'on frottait les dents avec du sel et de l'alun, et que beaucoup de personnes avaient l'étrange coutume de les nettoyer avec leur urine[3]. Laurent Joubert, médecin de Henri III, lui préférait le vin trempé d'eau[4].

[1] *L'entretenement de vie*, etc., 1541, in-18. Voy. *Les médecins*, p. 158.

[2] Page 16.

[3] Voy. *Les soins de toilette*, p. 178.

[4] « Il ne faut oublier la bouche, pour conserver les dants, les gencives et la bonne haleine, qui est de très grande

Montaigne, qui eut toujours d'excellentes dents, les frottait avec une serviette[1]. Durant son voyage en Italie, il fut pris à Pise d'une violente odontalgie, dont il a naïvement raconté toutes les phases dans son *Journal*. Le lundi 4 septembre 1581, il mâche des morceaux de la gomme résineuse connue sous le nom de mastic, et n'en obtient aucun soulagement. Pendant la nuit, il envoie chercher un apothicaire, qui lui conseille d'entretenir sur la dent malade un peu d'eau-de-vie. Le lendemain, on lui applique sur la tempe un emplâtre de mastic, et la nuit suivante on lui met des étoupes chaudes sur la joue[2]. La vertu des emplâtres de mastic était bien connue en France, où on les recouvrait de taffetas ou de velours noir.

importance à la santé. Car l'air qu'on inspire et retire à soy par la bouche, au rancontre des dants et gencives mal nettes, s'infecte de mesme; et estant ainsi corrompu, offance le poumon et le cœur de sa mauvaise qualité, de sorte que plusieurs pour cette seule occasion deviennent finablement tabides. Ce lavement de bouche doit estre du vin un peu couvert et rude, bien fort trampé. » *La santé du prince,* 1579, in-8°, p. 624.

[1] « J'ay tousjours eu les dents bonnes jusqu'à l'excellence. J'ay apprins dès l'enfance à les frotter de ma serviette, et le matin et à l'entrée et issue de la table. » *Essais,* liv. III, chap. XIII.

[2] *Voyages*, édit. de 1774, in-4°, p. 343.

Vous portez une mousche, avez-vous mal aux dents ?

fait dire Courval-Sonnet à un de ses personnages [1].

Il ne fallut pas longtemps à une coquette pour remarquer que ces petites taches noires faisaient ressortir la blancheur de sa peau, et que si le remède était inefficace contre l'odontalgie, il jouissait d'une propriété bien autrement précieuse, celle de donner de l'éclat au visage le plus fané. Les *mouches* firent ainsi leur entrée dans le monde, réunirent tous les suffrages, et triomphèrent des obstacles suscités contre elles par de sévères confesseurs et par des moralistes ennemis de la beauté [2].

L'art dentaire ne resta pas étranger aux progrès que fit la chirurgie pendant le seizième siècle. Le plombage et la prothèse entrent alors dans la pratique courante. Henri IV eut de bonne heure les dents gâtées. Un registre de ses comptes, au temps où il n'était encore que roi de Navarre, nous apprend que, dès 1576, sa dépense en cure-dents était de vingt sous par mois, grosse somme pour une cour si besogneuse. Le

[1] *Les exercices de ce temps*, 1631, in-4°, satire I, p. 5.
[2] Voy. *Les soins de toilette*, p. 92.

même registre contient, à l'année 1581, cette mention : « Or pour plomber les dents du Roy, 15 liv. 15 sols[1]. »

L'or, en pareil cas, n'était guère employé que pour les bouches royales. Ambroise Paré conseille seulement le liège ou le plomb : « Si les dents sont creuses, dit-il, on doit remplir le pertuis de liège ou de plomb bien accommodé[2]. » Il écrit ailleurs : « Quand elles sont tombées, en faut adapter d'autres, d'os ou d'yvoire, ou de dents de rohart[3], qui sont excellentes pour cest effect, lesquelles seront liées aux autres dents proches avec fil commun d'or ou d'argent[4]. » Même, on posait déjà des râteliers complets ; leur construction laissait, il est vrai, fort à désirer : c'étaient purs artifices de coquetterie, que l'on retirait pour manger. Mlle de Gournay, la « fille d'alliance » de Montaigne, « avoit, dit Tallemant des Réaux, un ratelier de dents de loup marin ; elle l'ostoit en mangeant, mais elle le remettoit pour parler plus facilement, et cela

[1] *Inventaire des archives des Basses-Pyrénées*, t. I, p. 4, 7 et 10. — Voy. aussi le *Journal* d'Héroard, t. I, p. 142 et passim.

[2] *OEuvres*, p. 612.

[3] De requin.

[4] *OEuvres*, p. 895.

PRemierement deuant qu'arracher les dents, il faut que le malade ſoit aſſis bas, ayant la teſte entre les jambes du dentateur : puis qu'il les deſchauſſe profondemẽt d'alentour de leurs alueoles, auec dechauſſoirs que tu as icy figurez par A : & apres les auoir deſchauſſees, ſi on voit qu'elles tiennent peu, ſeront pouſſees & iettees hors auec vn pouſſoir, duquel tu as icy la figure marquee par B. Auſſi ſi on cognoiſt que la dent ne puiſſe eſtre arrachee par le pouſſoir, on prendra vn dauier qui t'eſt marqué par D, lequel eſt propre à rompre la dent qu'on veut quaſſer : ou bien on s'aidera des policans marquez par CC, & ceſtuy par E, ſelõ que le dentateur ſe ſera exercé à tirer des dents : car veritablement il faut eſtre bien induſtrieux à l'vſage des policans ; à cauſe que ſi on ne s'en ſçait bien aider, on ne peut faillir à jetter trois dents hors la bouche, & laiſſer la mauuaiſe & gaſtee dedans.

Figure d'vn pouſſoir & dechauſſoirs. *Figure d'vn dauier & polican.*

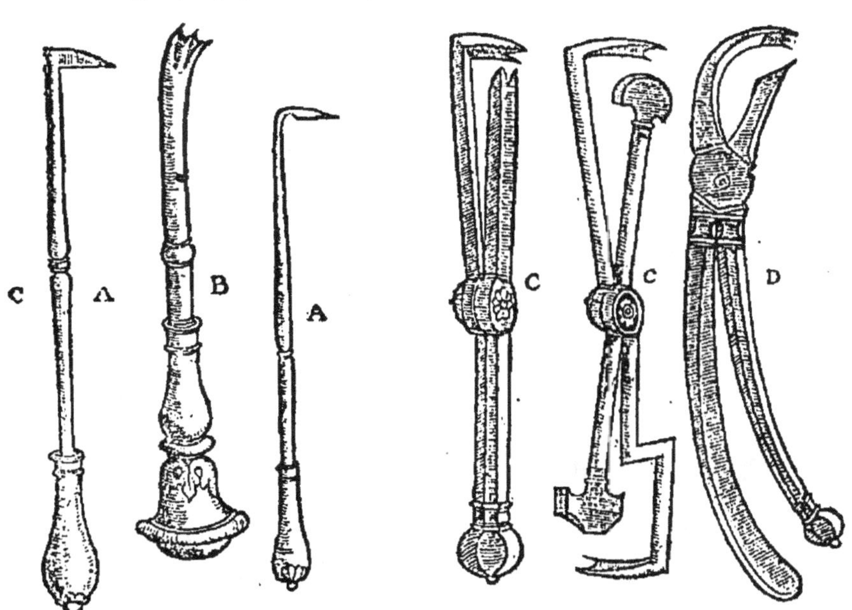

Figure d'autre polican.

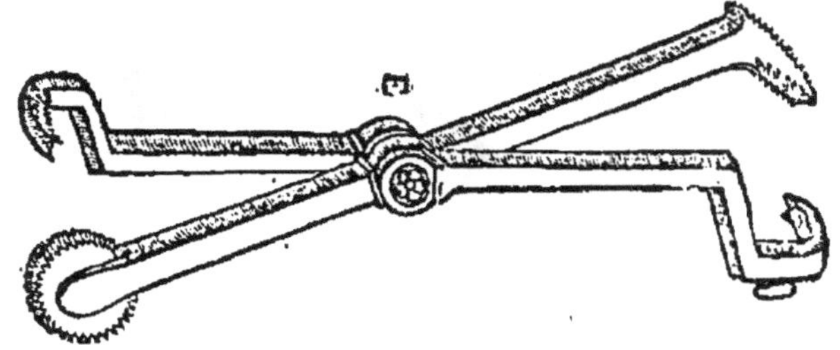

D'après Ambroise Paré. Édition de 1607.

assez adroictement. A table, quand les autres parloient, elle ostoit son ratelier et se dépeschoit de doubler ses morceaux, et après, elle remettoit son ratelier pour dire sa ratelée [1]. » Le satirique auteur à qui nous devons la *Description de l'isle des hermaphrodites* [2], nous révèle aussi que « beaucoup d'entre eux avoient des dents artificielles, qu'ils avoient ostées devant que se mettre à table [3]. »

Les remèdes contre l'odontalgie s'étaient aussi fort multipliés. On en trouve plusieurs indiqués dans le livre de Jean Liébaut [4], et Brantôme raconte qu'ayant eu mal aux dents, la reine d'Espagne lui envoya par son apothicaire « une herbe très singulière, que la mettant et tenant dans le creux de la main, soubdain le mal se passe; comme il me passa aussi tost, » ajoute-t-il [5]. L'apothicaire Jean de Renou [6], une lumière de la science au début du dix-septième siècle, ne connaissait pas ce

[1] *Historiettes*, t. II, p. 346.

[2] Par Artus d'Embry, publiée en 1605.

[3] Page 105.

[4] *Trois livres de l'embellissement et ornement du corps humain*, 1582, in-8°, p. 294.

[5] *OEuvres*, t. VIII, p. 13.

[6] *OEuvres pharmaceutiques*, traduites en français par Louis de Serres, p. 188.

précieux dictame, et il se montre assez sceptique sur l'emploi des moyens thérapeutiques. Il constate en passant que les dames redoutaient surtout « la noircissure des dents » et ne se souciaient point de la douleur; « non plus que le vulgaire, » prétend-il.

Ce qui me porterait à croire que Renou exagère un peu l'indifférence de ses contemporains pour cette insupportable souffrance, c'est la multitude des drogues qu'on ne cessait de lui opposer. Quelques recettes méritent une mention spéciale.

Olivier de Serres préconisait l'emploi du coton imbibé d'huile, et il cite entre autres celles de poivre, de girofle, de sauge, d'aspic, de pavot, de mandragore et de jusquiame [1].

Le chirurgien charitable [2] appliquait sur la tempe un emplâtre de gomme élémi, « avec quelque portion de poudre de cantharides : c'est chose merveilleuse de l'effet de ce remède. »

Gui Patin traitait le mal de dents par la saignée. Il écrivait le 19 juin 1661 à son ami Falconet : « J'eus hier une grande douleur de dents, laquelle m'obligea de me faire saigner

[1] *Théâtre d'agriculture*, édit. de 1646, liv. VIII, p. 817.
[2] Par J.-A. Guérin, 1649, in-12, p. 108.

du côté même : la douleur s'arrêta tout à coup, comme par une espèce d'enchantement. J'ai dormi toute la nuit. Ce matin la douleur m'a un peu repris, j'ai fait piquer l'autre bras, j'en ai été guéri aussitôt [1]. »

En 1669 seulement, on songea à utiliser le tabac contre l'odontalgie. L'auteur du *Médecin des pauvres* écrit alors [2] : « L'esprit de nicotiane ou pétun est un merveilleux remède pour apaiser la douleur des dents. »

Contre la carie, il y a deux remarquables spécifiques, l'urine et les crottes de chat sauvage. Ceci nous est affirmé par le chirurgien B. Martin, auteur d'une *Dissertation sur les dents* [3], qui fut approuvé par deux docteurs régents de la Faculté de médecine.

En 1692, Blégny, « apoticaire ordinaire du Roy, » guérissait la carie au moyen d'une essence végétale; et à cette même date, un sieur Rebel, établi rue Tireboudin [4], disait avoir apporté d'Égypte « une eau qui appaise sur le champ la douleur des dents, qui se

[1] Tome III, p. 377.

[2] In-12, p. 117.

[3] Paris, 1679, in-18, p. 64.

[4] Elle avait porté un nom encore moins élégant avant de devenir rue Marie-Stuart. Voy. A.-F., *Études sur le plan de Paris* de 1540, p. 272.

prend par le nez, qui fait larmoyer abondamment, et dont la phiole de quatre prises se vend un louis d'or[1]. »

Ce remède, comme on voit, n'était pas à la portée de tout le monde, non plus que celui qui consistait à frotter la dent malade avec une dent de mort[2], procédé très en faveur dans les campagnes.

On s'était préoccupé aussi de rendre moins douloureuses les opérations. Certains charlatans possédaient, nous dit-on, un procédé anesthésique d'une action plus puissante que le protoxyde d'azote ou la cocaïne. Le docteur Th. Sonnet de Courval, qui a publié contre les charlatans un livre très curieux[3], nous divulgue en ces termes les ingénieuses pratiques auxquelles l'un d'eux avait recours :

Pour décevoir et attirer le peuple plus facilement sous le voile de charité et de courtoisie, et pour s'achalander et se mettre en crédit, il tiroit et arrachoit les dens de ceux qui en vouloient faire tirer, sans prendre aucun argent de sa peine ; usant

[1] N. de Blégny, *Le livre commode pour* 1692, t. I, p. 172, et t. II, p. 178.

[2] J.-B. Thiers, *Traité des superstitions*, édit. de 1697, t. I, p. 375.

[3] *Satyre contre les charlatans et pseudomédecins empyriques*, 1610, in-8°.

à ceste fin d'un grand et merveilleux artifice de les tirer et arracher sans exciter aucune douleur, ny mesme sans user d'aucun instrument ou polican[1] que de ses deux doigts, à sçavoir le poulce et l'index. Mais pour descouvrir la tromperie et la trouver en son giste, avant que d'arracher la dent que le patient vouloit faire oster, il la touchoit de ses deux doigts, au bout de l'un desquels il mettoit subtilement, en babillant, un peu de poudre narcotique ou stupéfactoire, pour endormir et engourdir la partie, afin de la rendre stupide et sans aucun sentiment. Et à l'autre doigt il mettoit une poudre merveilleusement caustique, laquelle estoit d'opération si soudaine qu'en un moment elle faisoit esquarre et ouverture en la gencive, deschaussant et desracinant tellement la dent qu'aussi tost qu'il la touchoit de ses deux doigts seulement, il l'arrachoit, et quelquefois tomboit sans y toucher.

Quelqu'un de leur caballe me pourra icy peut estre objecter que si ainsi eust esté que ledict charlatan eust usé d'une poudre caustique, qu'elle n'eust peu opérer et faire ouverture dans la gencive sans exciter quelque douleur, et que n'en sentant point, cette subtilité estoit esventée et hors de toute apparence de créance. A quoy je respond qu'il estoit impossible que tel accident peut arriver, parce que la partie sur laquelle agissoit ladicte pouldre estoit lors stupide et privée de sentiment, à cause de la susdicte pouldre narcotique qui y avoit esté mise à mesme temps que la caustique,

[1] Pélican.

l'une en un costé de la gencive et l'autre à l'autre.

Dès lors, tout était pour le mieux, semble-t-il. Mais Sonnet a prévu l'objection et il y répond victorieusement.

J'entends des-jà quelque pseudomédecin chimique, encor tout estourdy de la fumée de son charbon et des chaudes vapeurs de ses fourneaux, qui pour légitimer et approuver les tromperies dudict charlatan me dira qu'il faisoit tousjours une belle cure et apportoit une grande commodité à plusieurs de leur tirer les dens sans leur faire aucune douleur, quelque artifice qu'il peust apporter pour y parvenir, et qu'en cela il n'estoit point trompeur. Ceste raison seroit recevable et de bon alloy si, tirant et arrachant les dens par ceste subtile invention, il n'en arrivoit point de mal puis après. Mais c'est chose asseurée, comme j'ay ouy réciter à des gens de bien et dignes de foy, que la pluspart de ceux ausquels elles furent tirées par le susdict charlatan tombèrent puis après en de grandes fluxions et catherres, à cause des attractions qui avoient esté excitées ausdites parties affligées par les susdictes pouldres violentes. Et mesmes à quelques uns les dens en tombèrent toutes, de façon qu'ayant pris résolution de n'en faire tirer qu'une ou deux, ils furent tout estonnez qu'elles leur cheurent presque toutes : chose misérable et déplorable [1].

[1] Pages 107 et suiv.

Heureusement, les dentistes avaient d'autres moyens à leur disposition. Ils connaissaient même divers procédés pour faire tomber une mauvaise dent sans la toucher avec aucun instrument, sans exposer le patient à aucun danger et sans provoquer aucune douleur. Si mes lecteurs veulent essayer, en voici deux que je suis heureux de pouvoir leur révéler. L'un date du seizième siècle, l'autre du dix-septième :

Tu prendras deux onces de roses rouges et les fera bouillir avec fort vinaigre l'espace d'un jour et d'une nuit. Après, les sècheras, puis en feras fondre que mettras sur la dent, et elle tombera[1].

Faites bouillir, puis réduisez en cendre des vers de terre ; remplissez de cette poudre la dent creuse, et fermez-la avec de la cire. Elle tombera[2].

Parmi les découvertes sérieuses, il faut citer la transplantation immédiate des dents, le remplacement d'une dent cariée par une dent humaine et saine. Ambroise Paré mentionne le fait sans trop y croire, mais en le déclarant vraisemblable[3]. Trente ans plus

[1] *Les secrets du seigneur Alexis* [Girolamo Ruscelli], mort en 1566, édit. de 1691, p. 351.

[2] Mme Fouquet, *Recueil de remèdes faciles et domestiques*, édit. de 1678, p. 53.

[3] « Un homme digne d'estre creu m'a affirmé qu'une prin-

tard, le succès de cette opération n'est plus l'objet d'aucun doute pour le docteur Louis Guyon [1]. Il est vrai que cent ans après, le consciencieux Dionis, chirurgien un peu timoré d'ailleurs, n'en veut pas entendre parler :

Je ne crois point, écrit-il, qu'une dent qui a été totalement enlevée se puisse raffermir dans sa cavité et reprendre vie comme auparavant. M. Verduc [2] rapporte là-dessus qu'il a ouy dire que M. Carmeline [3], fort habile opérateur pour les dents, ayant arraché une dent qui n'étoit point gâtée, la remit fort promptement dans son alvéole, où elle s'affermit si bien qu'il eut beaucoup de peine à l'arracher l'année suivante, la même personne l'étant venue retrouver à cause que la douleur l'avoit reprise. Mais cette histoire me paraît

cesse ayant fait arracher une dent, s'en fit remettre subit une autre d'une sienne damoiselle, laquelle se reprint ; et quelque temps après maschoit dessus comme sus celle qu'elle avoit fait arracher auparavant. Cela ay-je ouy dire, mais je ne l'ay point veu, et s'il est vray, il peut bien estre. » *Œuvres*, p. 611.

[1] « Si l'on a arraché une dent pour une autre, il faut la remettre soudain dans son alvéole et qu'on l'attache avec un filet à la prochaine ; et se reprendra, ainsy que je l'ay veu souvent. » L. Guyon, *Le miroir de la beauté et santé corporelle*, 1615, in-8°, p. 369.

[2] Cette famille a fourni trois chirurgiens estimables : Laurent Verduc, professeur à Saint-Côme, mort en 1695, et ses deux fils, Jean-Baptiste et Laurent. Ce dernier mourut en 1703.

[3] Voy. ci-dessous.

apocrife, aussi bien qu'à M. Verduc, qui reconnoît lui-même que tous les filets nerveux et les vaisseaux qui portent la vie et la nourriture à la dent ayant été rompus, elle ne peut pas reprendre racine et se joindre au tout quand elle en a été une fois séparée [1].

Aujourd'hui, cette opération, quand elle est bien faite, réussit toujours.

L'on savait aussi couper les dents, et au moyen d'un instrument tout à fait semblable à celui qu'on emploie de nos jours [2]. Enfin, je trouve dans les lettres de Gui Patin une phrase qui tend à prouver que la fabrication des fausses dents appartenait alors à la corporation des tabletiers [3].

[1] *Cours d'opérations de chirurgie,* édit. de 1714, p. 523.

[2] Voyez-en la figure dans Guillemeau, *OEuvres de chirurgie,* 1649, in-folio, p. 513.

[3] « ...Il avoit un sien neveu, tabletier et remetteur de dents d'ivoire. » *Lettre* du 5 octobre 1657, t. II, p. 344. — Deux arrêts des 20 juin 1736 et 30 janvier 1738, confirmés le 12 juillet 1745, reconnaissent aux tabletiers le droit de « découper, tailler, sculpter, cizeler et travailler l'yvoire de toutes formes et modes. » L'article 17 des statuts qui leur furent accordés en 1741, les autorise à « travailler, dépecer et façonner la baleine, l'écaille, l'yvoire, les os, la corne, les argots [ergots de bœuf], les bois d'ébeine, violette, garnadille [grenadille], palissandre, buis, nacre, ambre et autres bois exquis qui se tirent des Indes. »

II. Pourquoi un chirurgien ne doit pas arracher les dents. — Les charlatans du Pont-Neuf et leur boniment. — Menteur comme un arracheur de dents. — Les charlatans Cardelin, Caperon, Dupas et Carmeline. — Le poète Sibus et le charlatan Cormier. — Le grand Thomas, médecin et dentiste, sa célébrité. — Veut donner un repas au peuple. — Va à Versailles porter des félicitations à la reine. — Sa mort. — Inventaire de ses biens.

L'art dentaire était du domaine de la chirurgie. Tous les traités sérieux lui attribuent l'importance qu'il mérite et lui consacrent un intéressant chapitre. Dionis engage toutefois les chirurgiens, surtout ceux qui font beaucoup de saignées, à ne pas pratiquer l'extraction des dents :

Cette opération, écrit-il, ne consiste que dans un effort qu'il faut que le poignet fasse pour emporter la dent; on redouble même cet effort quand la dent résiste, et on ne quitte point prise qu'elle ne soit arrachée. C'est pour cela que les chirurgiens qui sont dans la pratique de beaucoup saigner, et qui veulent toujours avoir la main ferme et légère, ne doivent jamais arracher de dents, de crainte que les efforts qu'il faut faire ne leur rendent la main tremblante : on laissera donc cet emploi aux opérateurs qui en font un exercice journalier, et qui n'ont point d'autre métier pour gagner leur vie.

Il y a encore une autre raison :

Si je conseille au chirurgien d'abandonner cette opération, ce n'est pas seulement pour le préjudice que sa main en pourroit recevoir, c'est aussi qu'elle me paroît un peu tenir du charlatan et du bateleur. En effet, la plupart de ces arracheurs abusent de leur talent pour tromper le public, faisant accroire qu'ils n'ont besoin que de leurs doigts ou d'un bout d'épée pour emporter les dents les plus enracinées. Mais un chirurgien ne doit point connoître ces tours de souplesse, et comme c'est la probité qui doit être la règle de toutes les actions, il faut qu'il se distingue de ceux qui veulent en imposer aux autres [1].

Il semble, en effet, y avoir eu de tout temps des arracheurs de dents qui, comme ceux qui exercent encore aujourd'hui dans les foires, se rapprochaient plus de la classe des saltimbanques que de celle des chirurgiens [2]. Ils se qualifiaient d'opérateurs, et prenaient en général pour théâtre de leurs exploits le Pont-Neuf. Chamarrés d'or, l'épée au côté, assistés d'un pitre qui leur donnait la réplique, leurs bouffonneries attiraient autour d'eux une foule empressée. Ils lui promettaient monts et merveilles, se posaient en bienfaiteurs de

[1] Page 521.
[2] La médecine eut aussi les siens. Voy. *Les médecins.*

l'humanité souffrante, guérissaient « les soldats par courtoisie, les pauvres pour l'honneur de Dieu et les riches marchands pour de l'argent; » mais leur politesse naturelle leur faisait considérer tout client comme un riche marchand. Aussi le désintéressement qu'ils affichaient n'empêcha-t-il pas le règlement de police du 30 mars 1635 [1] de confondre dans le même article « les vendeurs de thériaque, arracheurs de dents, joueurs de tourniquet, marionnettes et chanteurs de chansons. » Leurs hâbleries étaient depuis longtemps célèbres au seizième siècle; Noël du Fail [2] et Guillaume Bouchet [3] citent déjà le proverbe : *Menteur comme un arracheur de dents.*

Si l'on veut savoir comment opéraient ces habiles personnages, il suffit d'ouvrir l'*Histoire de Francion* qui, venu à Paris vers 1530, assista un jour à ce spectacle :

Un jour, me promenant sur le Pont-Neuf, je vis arriver un homme à cheval vers les Augustins [4], qui avoit une casaque fourrée, un manteau de taffetas par dessus, une épée pendue au côté droit, et

[1] Dans Delamarre, *Traité de la police*, t. I, p. 122.

[2] *Contes d'Eutrapel*, édit. elzévir., t. I, p. 328.

[3] *Des barbiers et du mal de dents*, 27e sérée, t. III, p. 118.

[4] Le couvent des Grands-Augustins, situé sur le quai actuel des Grands-Augustins.

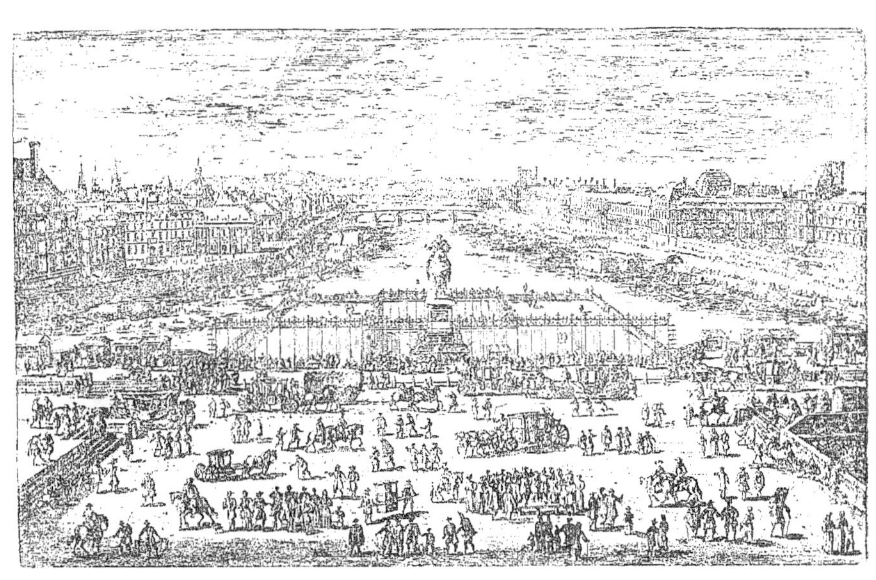

Le Pont-Neuf, d'après Pérelle. — Dix-septième siècle.

un cordon de chapeau fait avec des dents enfilées ensemble. Sa mine étoit grotesque comme son habit, si bien que je me mis à regarder.

Il s'arrêta au bout du pont. Et, encore que personne ne fût autour de lui, il se mit à parler ainsi, interrogeant son cheval à faute d'autre compagnie : « Viens çà, dis, mon cheval, pourquoi est-ce que nous venons en cette place? Si tu savois parler, tu me répondrois que c'est pour faire service aux honnêtes gens. Mais, ce me dira quelqu'un : — Gentilhomme italien, à quoi est-ce que tu nous peux servir? — A vous arracher les dents, messieurs, sans vous faire aucune douleur, et à vous en remettre d'autres, avec lesquelles vous pourrez manger comme avec les naturelles. — Et avec quoi les ôtez-vous? Avec la pointe d'une épée? — Non, messieurs, cela est trop vieil; c'est avec ce que je tiens dans ma main. — Et que tiens-tu dans ta main, seigneur italien? — La bride de mon cheval ».

Cet arracheur de dents n'eût pas sitôt commencé cette belle harangue, qu'un crocheteur, un laquais, une vendeuse de cerises, trois maquereaux, deux filous, une garce et un vendeur d'almanachs s'arrêtèrent pour l'ouïr.

Pour moi, faisant semblant de regarder de ces vieux bouquins de livres que les libraires mettent là ordinairement à l'étalage, j'écoutai aussi bien comme les autres.

Ayant tant de vénérables auditeurs, il renforça son bien dire, et continua ainsi : « Qui est-ce qui arrache les dents aux princes et aux rois? Est-ce Carmeline? Est-ce l'Anglois à la fraise jaune?

Est-ce maître Arnaut, qui, pour faire croire qu'il arrache les dents aux potentats, a fait peindre autour de son portrait le Pape et tout le consistoire des cardinaux, avec chacun un emplâtre noir sur la temple[1], montrant qu'ils ne sont pas exempts du mal de dents? — Non, ce n'est pas lui. — Qui est-ce donc qui arrache les dents à ces grands princes? — C'est le gentilhomme italien que vous voyez, messieurs, moi, moi, ma personne. »

Il disoit ceci en se montrant et se frappant la poitrine, et il enfila après beaucoup d'autres sottises, s'interrogeant toujours soi-même et tâchant à parler italien écorché, encore qu'il fût un franc Normand. A l'ouïr dire, si l'on l'eût cru, personne n'eût plus voulu avoir aucune dent en bouche. Aussi se présenta-t-il un gueux auquel il en ôta plus de six, car il les lui avoit mises auparavant; et, tenant un peu de peinture rouge dans sa bouche, il sembloit qu'il crachoit du sang.

« Messieurs, dit après le charlatan, je guéris les soldats par courtoisie, les pauvres pour l'honneur de Dieu, et les riches marchands pour de l'argent. Voyez que c'est d'avoir une dent gâtée, viciée et corrompue, et à quoi cela nuit. Vous irez recommander un procès chez un sénateur; penserez-vous parler à lui, il se détournera et dira : « Ah! la putréfaction! Tirez-vous de là, mon ami, que vous sentez mauvais! » Ainsi, il ne vous entendra point, et voilà votre cause perdue.

Mais vous me direz : n'as-tu point quelque autre

[1] Sur la tempe.

remède? — Oui-dà ! j'ai d'une pommade pour blanchir le teint; elle est blanche comme neige, odoriférante comme baume et comme musc; voilà les boîtes : la grande vaut huit sols, la petite cinq avec l'écrit. J'ai encore d'un onguent excellent pour les plaies; si quelqu'un est blessé, je le guérirai. Je ne suis ni médecin, ni docteur, ni philosophe, mais mon onguent fait autant que les philosophes, les docteurs et les médecins. L'expérience vaut mieux que la science, et la pratique vaut mieux que la théorie[1]. »

L'histoire n'a pas conservé le nom de maître Arnaut et ne nous a pas révélé celui de l'Anglais à la fraise jaune; mais Carmeline partage avec Cardelin, Cormier et Dupas l'honneur d'avoir beaucoup occupé pendant la Fronde les faiseurs de *Mazarinades*. Ils figurent dans *Le médecin politique*[2] et, au dix-huitième siècle encore, le poète Desforges-Maillard, voulant adresser un compliment aux dentistes de son temps, célèbre :

> Les Caperons, les Carmelines,
> Réparateurs des perles fines
> Des belles bouches de Paphos[3].

Ce dernier paraît avoir été le plus occupé de tous :

[1] Édit. Ém. Colombey, p. 427.
[2] 1652, in-4°, p. 4.
[3] *Œuvres*, édit. de 1888, t. I, p. 90.

Carmeline en son coin reclus
Voit ses policans superflus,

dit l'auteur du *Ministre d'État flambé*[1]. *L'agréable récit de ce qui s'est passé aux dernières barricades de Paris*[2] a pris la peine de nous décrire en vers de huit pieds son costume et la décoration des tréteaux sur lesquels il paradait :

Carmeline l'opérateur,
Vestu d'un colet de senteur,
Chausses de damas à ramage,
La grosse fraize à double estage,
Bas d'attache[3] et le brodequin
De vache noire ou maroquin,
Le sabre pendant sur la hanche
Et sur tout l'escharpe blanche[4];
Tenant en main bec de corbin[5],
Monté sur un cheval aubin[6],

[1] 1649, in-4°, p. 11.

[2] 1649, in-4°, p. 13.

[3] *Bas d'attache*, *bas de bottes* ou *bas à bottes*, grands bas qui se chaussaient sur les bas ordinaires. Ils s'attachaient par des aiguillettes à la ceinture du haut-de-chausses, et leur extrémité, en fine dentelle, garnissait le haut des bottes. Ils n'avaient pas de pied, mais seulement une languette qui les retenait; d'où leur autre nom de *bas à étrier*. Voy. Tallemant des Réaux, t. IX, p. 389.

[4] *Sic.*

[5] Bec de corbin ou de corbeau, instrument destiné à arracher les morceaux de dents restés dans la gencive.

[6] Cheval d'allure défectueuse.

Gardoit avec six cens et onze [1]
Le poste du cheval de bronze,
Et fit assez diligemment
Un bizarre retranchement.
De cette belle architecture
A peu près voicy la peinture :
De l'un jusqu'à l'autre pillier
On mit des dents, un ratelier;
Sur les dents on mit des mâchoires,
Des brayers [2], des suppositoires,
Des pellicans, des bistoris [3],
Des boëtes de poudre d'iris,
Des châlits, des portes, des cruches,
Des coquemars, des œufs d'autruche,
Quelques saloirs remplis de lard.
Et sur ce solide rempart
On fit un parapel de grilles
Par où guignoient deux crocodilles :
Il est vray qu'ils ne vivoient pas,
Mais chacun ne le sçavoit pas.

Le *Chevræana* nous apprend en outre que Carmeline avait exposé, « à la fenestre de sa chambre qui regarde le cheval de bronze, son portrait et le mot de Virgile sur le rameau d'or du sixième livre de l'*Énéide* :

Uno avulso non deficit alter [4]. »

[1] *Sic.*

[2] Des bandages.

[3] Des pélicans, des bistouris.

[4] *Chevræana*, édit. de 1697, t. I, p. 142.

L'idée était ingénieuse, mais je dois rappeler que Virgile avait écrit *primo* et non *uno* [1].

Carmeline eut pour successeur son oncle « M. Quarante, » qui prit la suite de ses affaires. M. Quarante demeurait sur le quai de la Mégisserie, au bout du Pont-Neuf [2].

Le sieur Cormier faisait concurrence à Carmeline, non seulement sur le Pont-Neuf, mais aussi dans les *Mazarinades*. *Le ministre d'État flambé* associe ses doléances à celles de son confrère. Dans les *Entretiens du sieur Cormier avec le sieur la Fleur dit le Poictevin* [3], l'infortuné charlatan se répand en plaintes amères sur les misères du temps : « Pour moy, dit-il, il y a pour le moins trois mois que je n'ai arraché dent, ny vendu aucune de mes poudres ; je croy que mes pauvres outils sont tout enrouïllez. » On verra tout à l'heure que Cormier débitait une poudre merveilleuse destinée à changer l'eau en vin.

Permettez-moi maintenant de vous présenter le poète Sibus, type de nombreux poétereaux du dix-septième siècle. Comme Panurge, il vivait le moins possible à ses dépens

[1] *Énéide*, lib. VI, v. 143.
[2] *Le livre commode pour* 1692, t. I, p. 161.
[3] 1649, in-4°, p. 4.

et le plus possible aux dépens d'autrui. Par économie, il écrivait avec son ongle, toujours maintenu fort long et taillé en forme de plume. De la suie délayée lui servait d'encre. Un trou percé dans la muraille de sa chambre lui permettait d'utiliser le soir la lumière qui éclairait son voisin. Il se chauffait en hiver aux tas de fumier élevés dans certaines cours, et se nourrissait de la fumée des viandes exposées à l'étalage des rôtisseurs. Un jour maigre, cette chère peu substantielle lui ayant manqué, il alla sur le Pont-Neuf et offrit à Cormier de se laisser arracher deux dents en public, s'engageant à protester tout haut devant les assistants qu'il n'avait ressenti aucune douleur. Cormier accepta, et le marché fut conclu moyennant 10 sols, que le poète devait toucher après l'opération. Mais je laisse parler le biographe de Sibus :

L'heure dont ils avoient convenu ensemble estant donc venue, Sibus ne manqua pas, ainsi qu'ils avoient arresté, de venir trouver son homme, qu'il rencontra au bout du Pont-Neuf qui regarde la rue Dauphine, divertissant les laquais et les badauts par ses huées, ses tours de passe-passe et ses grimaces. Il tenoit un verre plein d'eau d'une main, et de l'autre un papier qui avoit la vertu de teindre l'eau en rouge.

— « Horça, Cormier, ce disoit ce charlatan en s'interrompant et se répondant luy-mesme, qu'est-ce que tu veux faire de ce verre et de cette yeau?

— Hé! je veux changer cette yeau en vin pour donner du divertissement à ces messieurs.

— Hé! comment est-ce que tu changeras cette yeau en vin pour donner du divertissement à ces messieurs?

— Hé! en y mettant de cette poudre dedans.

— Mais, en y mettant de cette poudre dedans, si tu changes cette yeau en vin, il faut donc qu'il y ait là de la magie?

— Il n'y a point de magie.

— Il n'y a point de magie? Il n'y a point de sorcellerie?

— Il n'y a point de sorcellerie. Non, non.

— Il y a donc de l'enchanterie?

— Il n'y a point d'enchanterie. Non, Messieurs, il n'y a ny magie, ny sorcellerie, ny enchanterie, ny guianterie; mais il est bien vrai qu'il y a un peu de guiablerie... »

Le charlatan ayant ainsi expliqué l'utilité de sa poudre, on croyoit qu'il en alloit faire l'expérience, quand il changea tout d'un coup de discours pour tenir tousjours son monde d'autant plus en haleine, et se mit à faire une longue digression sur l'expérience qu'il avait acquise par ses voyages, tant par la France qu'autre part, à tirer les dents sans faire aucune douleur. Il n'eust pas plutost achevé la parole, qu'on ouït sortir du milieu de la foule la voix d'un homme qui disoit : « Pardieu! je voudrois qu'il m'eust cousté dix pistoles et que ce qu'il dit fût vray ! Il y a plus d'un mois que je ne dors ny nuit, ny jour, non plus qu'une âme damnée ! » Cette voix estoit celle du poëte, qui prenoit cette occasion de paroître, ainsi qu'il avoit esté accordé entr'eux. Le charlatan luy dit qu'il falloit donc qu'il eust quelque dent gastée, et qu'il s'approchast. Et pource que Sibus feignoit d'en faire quelque difficulté : « Approchez, vous dis-je, réitéra le fin matois; nostre veuë ne vous coustera rien. Je ne sommes pas si guiable que je sommes noir; s'il n'y a point de mal, je n'y en mettrons pas. » Nostre petit homme s'avança donc, et l'autre, luy ayant fait ouvrir la bouche et luy ayant longtemps farfouillé dedans, luy dit qu'il ne s'étonnoit pas s'il ne pouvoit dormir; qu'il avoit deux dents gastées, et que, s'il n'y prenoit garde de bonne heure, il couroit fortune de les perdre toutes. Après plusieurs cérémonies que je passeray sous silence, Sibus le pria de les luy arracher. Mais quand ce fut tout de bon, et que des paroles on en fût venu à l'exécution, quelque propos qu'il eust fait de gagner ses dix sols de bonne grâce, la douleur qu'il sentoit estoit si forte qu'elle luy faisoit à tous momens oublier sa résolution. Il se roidissoit contre son charlatan, il s'écrioit, reculant la teste en arrière; puis, quand l'autre avoit esté contraint de le lascher : « Ouf! continuoit-il, portant la main à sa joue et crachant le sang, ouf! il ne m'a point fait de mal! »

C'estoit donc un spectacle assez extraordinaire de voir un homme, les larmes aux yeux, vomissant le sang par la bouche, s'écriant comme un perdu, protester néantmoins en mesme temps que celuy qui le mettoit en cet estat et le faisoit plaindre de la sorte ne luy faisoit aucune douleur. Aussi, quoy qu'il en dît, y avoit-il si peu d'apparence, que le charlatan luy-mesme, au lieu de deux dents qu'il avoit mises en son marché, ne luy en voulut arracher qu'une.

Il ne faut pas demander si le poëte fut aise de s'en voir quitte à si bon compte. Mais ce fut bien à déchanter quand, estant allé le soir chez son homme pour toucher son salaire, l'autre le luy refusa, alléguant qu'il avoit tant crié qu'il luy avoit plus nuy que servy; qu'il ne luy avoit rien promis qu'à condition qu'il souffriroit sans se plaindre qu'on luy ostât deux dents, et qu'il n'avoit pas osé les luy arracher, de peur que par ses cris il ne le déchalandast pour jamais. Il ne faut pas demander s'il y eust là-dessus une grande querelle entre ces deux personnages. Le poëte, faute d'autres armes, a recours aux injures, et, pour tâcher d'attirer quelqu'un en sa faveur, se plaint que l'autre luy a arraché une gencive et appelle le charlatan bourreau. Celuy-ci s'en moque, et dit en riant qu'il a de bons témoins qui luy ont entendu dire à luy-mesme qu'il ne luy avoit fait aucun mal[1].

La réponse était impertinente, et jamais procédé aussi indélicat ne put être reproché

[1] *Histoire du poëte Sibus.* Dans *Recueil de pièces en prose les plus agréables de ce temps.* Paris, Ch. de Sercy, 1659-1663, 5 vol. in-12, t. II, p. 202.

au Grand-Thomas. Celui-ci, le plus illustre des opérateurs en plein vent, avait fait des études sérieuses. Garçon chirurgien à l'Hôtel-Dieu, puis reçu maître à Saint-Côme, il exerçait avec l'autorisation de la Faculté.

Las sans doute d'attendre la clientèle dans sa boutique, il était venu, entre 1711 et 1719, s'établir sur le Pont-Neuf :

> Environ mil sept cent dix-neuf,
> Peut-être dès mil sept cent onze,
> Il s'établit sur le Pont-Neuf,
> Vis à vis du Cheval de bronze.
> Il y figuroit avec lui.
> En opérateur d'aujourd'hui,
> Vêtu l'hiver comme en automne,
> Et l'automne comme l'été,
> Au spectateur qui l'environne
> Il annonçoit sa qualité [1].

Il paradait sur un char composé d'une large plate-forme montée sur quatre roues basses, entourée d'une balustrade à hauteur d'appui et surmontée d'une toiture bombée [2]. Grand et fort, avec une voix de stentor, Jean Tho-

[1] *Apothéose du docteur Gros-Thomas*, publiée par Éd. Fournier, *Histoire du Pont Neuf*, t. I, p. 261.

[2] On le trouve représenté dans le *Magasin pittoresque*, t. IX (1841), p. 352, et dans les *Mémoires de la Société de l'Histoire de Paris*, t. VII (1880), p. 61.

mas se présentait à la foule vêtu d'un habit rouge galonné d'or, et coiffé d'un vaste tricorne empanaché de plumes de paon ; un énorme sabre pendait à sa ceinture : « Il étoit reconnoissable de loin, dit Mercier, par sa taille gigantesque et l'ampleur de ses habits. Monté sur un char d'acier, sa tête élevée et coëffée d'un panache éclatant, figuroit avec la téte royale d'Henri IV ; sa voix mâle se faisoit entendre aux deux extrémités du pont, aux deux bords de la Seine [1]. » Il se mêlait de médecine, possédait un spécifique contre la syphilis [2] et contre bien d'autres maladies :

Sur un char ceint de gardefoux,
Construit d'une forme nouvelle,
Il y débitoit pour cinq sous
La médecine universelle.
Le foie et les reins entrepris
Par son remède étoient guéris,

[1] *Tableau de Paris*, t. I, p. 160.

[2] AVIS SALUTAIRE AU PUBLIC.

Par brevet et permission de M. Dodart, premier médecin du Roy.

Guérison radicale pour toutes les maladies secrètes les plus caractérisées, sans garder le lit ni la chambre, par le sieur GRAND-THOMAS, cy-devant chirurgien dans les hôpitaux du Roy, expérimentée sous les yeux de Messieurs Fermelhuys et Lemery, docteurs-régens en médecine de la Faculté de Paris, sans passer par la friction et la salivation.

Vu le brevet. Permis d'imprimer et d'afficher. HÉRAULT.

Et par une secrette cause
Qu'il connoissoit dans tous les maux,
Il ordonnoit la même dose
Pour les hommes et les chevaux.

Mais c'est surtout comme arracheur de dents qu'il devint célèbre :

Sa main surpassoit son conseil,
J'en atteste l'expérience ;
Et le titre de Sans-Pareil
Lui fut acquis par sa science.
Dentistes, qui suivez ses pas,
Bientôt vous n'en douterez pas.
Lisez sa mémorable histoire :
Elle annonce pour évident
Qu'il arrachoit une mâchoire
Plus vite que vous une dent.

La gloire du Grand-Thomas brilla de tout son éclat vers la fin de l'année 1729. Au mois de septembre, Marie Leszcinska devenait mère d'un Dauphin, et la France à cette nouvelle faisait éclater des transports de joie. Dans Paris surtout, l'enthousiasme ne connut pas de bornes. Les cloches sonnèrent pendant trois jours et trois nuits, on tira le canon, on distribua au peuple de la viande et du vin, de solennelles processions parcoururent la ville et des *Te Deum* furent chantés dans toutes les églises. Le Grand-Thomas trouva l'occasion belle pour augmenter sa popularité au moyen d'une imposante réclame. Il annonça que, pendant quinze jours, il arracherait gratis toutes les dents qu'on lui présenterait, et que, le lundi 19, il donnerait un grand banquet en plein air sur le Pont-Neuf. L'avis suivant fut affiché et distribué dans tout Paris :

LE GRAND-THOMAS, reçu à Saint-Cosme et fameux opérateur pour la partie qui concerne les dents, donne avis au public qu'il arrachera les dents pendant quinze jours GRATIS, en réjouissance de l'heureuse naissance de Mgr le DAUPHIN ; et qu'à cette occasion, il tiendra lundy prochain, 19 du présent mois de septembre 1729, table ouverte sur le Pont-Neuf depuis le matin jusqu'au soir, et donnera pour le dessert une petite réjouissance d'artifice. *Sa demeure est quay de Conty, proche l'hôtel de Conty. On le trouve toujours chez luy ou à sa place ordinaire sur le Pont-Neuf, vis à vis le Cheval de bronze.*

La police crut devoir interdire le banquet et le feu d'artifice [1]. Mais notre opérateur ne se tint pas pour battu. Six semaines après, il se rendit à Versailles, alla porter au roi et à la reine ses félicitations. C'était un usage reçu en pareille circonstance ; tout le monde,

[1] Voy. le *Journal de Barbier*, 12 septembre 1729, édit. de 1866, t. II, p. 81.

Fac-simile réduit d'une estampe contemporaine.

même les gens appartenant à la classe la plus humble, était admis à voir le petit roi [1]. Le Grand-Thomas voulut donner à cette visite un éclat exceptionnel. Il partit à cheval, en habit tout couvert de broderies; sur sa tête brillait un casque d'argent qui pesait près de deux kilos et portait, sur un semis de fleur de lis, les armes et la devise du roi.

Le Grand-Thomas se retira, en 1754, dans une maison qui lui appartenait et qui était située quai d'Orléans. Il y mourut le 19 mars 1757, laissant 55,900 livres d'argent comptant et un très modeste mobilier. Dans l'inventaire, qui fut dressé par Me Bioche, notaire au Châtelet, on voit figurer :

Un chariot démonté, qui servoit au défunt lorsqu'il se plaçoit sur le Pont-Neuf pour arracher les dents et débiter ses marchandises.

Une roquelaure écarlate à brandebourgs d'or, un manteau écarlate, un bonnet brodé en or et quatre paires de bas de soye à coins d'or.

Un bonnet d'argent, surmonté d'un coq aussi d'argent, un soleil et une plaque d'argent [2].

[1] Voy. les *Variétés gastronomiques*, p. 204.

[2] Voy. un curieux article de M. A. Chevalier, dans les *Mémoires de la Société de l'histoire de Paris*, t. VII (1880), p. 61.

III. — Les dents de Louis XIV. — Qui en avait soin ? — On se sert pour lui d'instruments en or. — Comment on arrachait les dents au début du dix-huitième siècle. — Accident arrivé à Louis XIV. — Dentistes royaux. — Les dents de madame de Maintenon. — Les dents de Louis XV et du Dauphin. — On arrache une dent à Madame Victoire. — Perfectionnements apportés à la prothèse. — Curieux procédés employés pour arrêter la carie et calmer la douleur. — Les dentifrices. — La profession de dentiste interdite aux femmes. — Épreuves imposées aux dentistes par les statuts des chirurgiens. — Principaux dentistes de Paris en 1777.

Louis XIV avait de très mauvaises dents. Dès 1685, trente ans avant sa mort, il ne lui en restait presque plus à la mâchoire supérieure, et celles du bas étaient toutes cariées. L'honneur de soigner ces augustes chicots se partageait entre le premier médecin, le premier chirurgien et le dentiste royal. D'Aquin, pour calmer les douleurs, employait l'essence de girofle et celle de thym [1] ; quand il se formait un abcès, il appliquait sur la joue un cataplasme de mie de pain [2]. Si une opération semblait nécessaire, le chirurgien et le dentiste étaient consultés, et c'est le dernier qui opérait [3]. Dubois, longtemps investi de ces

[1] *Journal de la santé de Louis XIV*, p. 135.
[2] *Journal de la santé de Louis XIV*, p. 140.
[3] *Journal de la santé de Louis XIV*, p. 163.

fonctions, arrachait les dents du roi au moyen d'un *élévatoire* d'invention nouvelle, et dont le chirurgien Dionis fait un grand éloge. Il ne nous dit pas quelle matière avait servi pour sa fabrication, et ne se montre explicite qu'en ce qui concerne les instruments « propres à nettoyer les dents. » Une phrase charmante nous apprend que « ces instrumens sont ordinairement d'acier, mais ceux dont on se sert pour le Roy et pour les Princes sont d'or; et s'il y avoit encore un métal plus précieux, on l'employeroit à leur service, parce qu'ils récompensent magnifiquement [1]. »

Nous avons vu que ce même Dionis engageait les chirurgiens, ses confrères, à ne pas pratiquer l'extraction des dents. Toutefois, lorsque lui-même daignait y consentir, voici comment il procédait :

On fait asseoir à terre, sur un carreau seulement, celui à qui on veut arracher une dent. L'opérateur se met derrière luy, et ayant engagé la tête entre ses deux cuisses, il la luy fait un peu hausser. La bouche du patient étant ouverte, il y remarque la dent gâtée, afin de ne pas prendre l'une pour l'autre; puis avec le déchaussoir il sépare la gencive de cette dent, qu'il empoigne

[1] *Cours d'opérations de chirurgie*, p. 512 et 519.

ensuite avec l'instrument qui luy aura paru le plus convenable, auquel il fait faire la bascule pour extraire cette dent. Quand on ne l'a pas manquée, le malade crache sa dent avec le sang qui sort de la gencive [1].

Par ce procédé ou par un autre, Louis XIV avait été fort maltraité. L'on s'aperçut, en 1685, qu'il existait à sa mâchoire supérieure « un trou qui, toutes les fois qu'il buvoit ou se gargarisoit, portoit l'eau de la bouche dans le nez, d'où elle couloit abondamment comme d'une fontaine. Ce trou s'étoit fait par l'éclatement de la mâchoire arrachée avec les dents, qui s'étoit enfin cariée et causoit quelquefois quelqu'écoulement de sanie de mauvaise odeur. » Dubois n'employa en cette circonstance d'autre remède que les cautérisations au fer rouge, et il réussit ainsi, paraît-il, à guérir radicalement le malade [2].

Mme de Maintenon, devenue vieille, n'avait pas de meilleures dents que son royal

[1] Page 520.

[2] *Journal de la santé de Louis XIV*, p. 162 à 164. Voy. encore p. 294.

La jolie réponse du cardinal d'Estrées à Louis XIV qui se plaignait de la perte de ses dents est trop connue pour que je la reproduise ici, j'indique seulement qu'elle a été mise dans la circulation par Saint-Simon, *Mémoires*, t. X, p. 354.

époux. Elle écrivait, le 9 juillet 1714, à la princesse des Ursins : « Je ne vois presque plus, j'entends encore plus mal, on ne m'entend plus, parce que la prononciation s'en est allée avec les dents [1]. »

En 1712, le dentiste du roi, dit aussi « chirurgien opérateur pour les dents, » était Charles-Arnault Forgeron, qui touchait par an 2,295 livres de gages. Il remplissait le même office auprès du Dauphin et de la Dauphine, et recevait encore de ce chef 1,500 livres. « Il a soin, écrit Trabouillet, de nettoïer et couper les dents, et fournit de racines et d'opiat quand le Roy lave sa bouche [2]. »

Au cours du dix-huitième siècle, l'art dentaire réalisa de sérieux progrès, dus surtout à quelques opérateurs de Paris, au nombre desquels on doit citer Gerauldy, dentiste du duc d'Orléans ; Robert Bunon, dentiste des Enfants de France ; Pierre Fauchard; Mouton; Anselme Jourdain; Caperon ; Bourdet, dentiste de Louis XV [3] et de Louis XVI. Ils combattirent

[1] A. Geffroy, *Madame de Maintenon, d'après sa correspondance*, t. II, p. 352.

[2] *État de la France pour* 1712, t. I, p. 178.

[3] L'on prétendit, après la mort du roi, que « Bourdet, en lui visitant la bouche, avoit reconnu aux gencives les approches d'une maladie grave. » Voy. les *Mémoires secrets* dits de Bachaumont, 13 juin 1774, t. VII, p. 180.

l'abus des extractions, contre lequel Dionis protestait dès le début du siècle : « Il y a, disait-il, des gens si impatiens, qu'à la moindre douleur ils font sauter leurs dents. Mais, c'est une méchante maxime que de courir si-tôt à l'arracheur; il ne faut venir à cette opération que quand la dent est tellement gâtée qu'il n'y a plus moyen de la sauver, ou quand la douleur qu'elle excite à la gencive est devenue continuelle et insupportable [1]. »

Pourtant, tout le monde n'offrait pas sa bouche à l'acier aussi facilement que le prétend Dionis. Au mois de février 1738, le Dauphin souffrait des dents, Caperon [2], dentiste du roi, fut consulté, et déclara qu'il n'y avait d'autre remède que l'ablation.

Le Dauphin, disent les *Mémoires de Luynes* [3], montra beaucoup de fermeté dans cette occasion. M. de Châtillon l'avoit averti le matin qu'il étoit nécessaire d'arracher cette dent. M. le Dauphin demanda quelque temps pour prendre sa résolution. M. de Châtillon étant sorti environ une demi-heure, M. le Dauphin lui dit en rentrant que sa

[1] Page 515.

[2] Ou Capron, on trouve les deux orthographes. Il occupait aux Tuileries un logement qui donnait sur le Pont-Royal.

[3] 27 février 1738, t. II, p. 49.

résolution étoit prise et que ce seroit à quatre heures. Quatre heures étant sonnées sans que personne parlât à M. le Dauphin de faire arracher sa dent, il demanda de lui-même où étoit Caperon. On a fort loué cette action de courage.

Il la renouvela encore deux fois en moins d'un mois, car on lui arracha une seconde dent le 1er mars et une troisième le 27 [1].

En 1742, ce Caperon trouva le moyen de casser deux dents à Louis XV, pendant qu'il lui nettoyait la bouche. Le roi montra une grande patience, écrit Barbier, « il a souffert extraordinairement sans se plaindre, sans dire des choses trop désagréables à ce dentiste [2]. »

Mesdames, filles de Louis XV, avaient pour dentiste un sieur Mouton qui, en dépit de son nom, faisait une belle peur à ses royales clientes. Il dut un jour arracher une dent à l'une d'elles, à Madame Victoire, qui était plus pieuse que brave. Il en résulta une scène de famille qui a été très bien racontée par le duc de Luynes [3]. Le morceau, quoiqu'un peu long, est trop curieux pour que je tente de l'analyser. Le voici donc à peu près en entier.

[1] Duc de Luynes, *Mémoires*, t. II, p. 52 et 77.
[2] *Journal*, 24 novembre 1742, t. VIII, p. 199.
[3] *Mémoires*, 17 avril 1748, t. IX, p. 11.

M. Mouton avoit prononcé qu'il falloit arracher une dent à Mme Victoire. Cette sentence, confirmée par la Faculté et approuvée par le Roi, étoit sans appel. Mais Mme Victoire ne pouvoit se résoudre à la laisser exécuter.

C'étoit le dimanche même de Pâques que la dent devoit être arrachée. Mme Victoire remettoit de demi-heure en demi-heure, et enfin la journée se passa sans qu'on pût la déterminer.

Le lendemain, même incertitude, mêmes délais. M. le Dauphin et Mesdames renouvelèrent leurs instantes sollicitations. Enfin, le Roi prit le parti d'y aller après les vêpres, et y resta deux heures et demie. M. le Dauphin se mettoit à genoux devant Mme Victoire, et à toutes les exhortations que la religion et l'amitié lui inspiroient, il ajoutoit des réflexions touchantes sur la bonté du Roi, qui auroit pu ordonner qu'on la tînt et qu'on lui arrachât par force, et qui cependant vouloit bien attendre et compâtir à sa foiblesse et à sa déraison, mais qu'il ne falloit pas cependant abuser de cette bonté. En effet, le Roi ne pouvoit se résoudre à donner ordre que l'on arrachât la dent; il différoit toujours, et Mme Victoire lui faisoit pendant ce temps-là mille amitiés.

Elle finit par demander au roi de la lui enlever. Louis XV ne voulut pas empiéter sur les privilèges de l'opérateur; il tint Madame Victoire d'un côté, tandis que la reine la tenait de l'autre, et Mouton fit sauter la dent.

Sébastien Mercier écrivait en 1783 : « Les habiles dentistes s'attachent plus à conserver les dents qu'à les extirper; ils n'arment plus si fréquemment leurs mains de l'acier douloureux. » Toutefois, si vous y tenez, ils ne vous refuseront pas ce service. « Si une rage de dents vous saisit dans la rue, vous n'avez qu'à lever les yeux. Une enseigne, qui représente une molaire grosse comme un boisseau, vous dit : montez! Le dentiste vous fait asseoir, relève sa manchette de dentelle, tire votre dent d'une main leste et vous offre ensuite un gargarisme. » Désirez-vous remplacer les os précieux qui vous ont été ainsi enlevés, les dentistes sont encore à votre disposition : « Le plus étonnant dans son art se nomme Catalan, rue Dauphine. Il vous fera un râtelier complet, avec lequel vous broyerez tous les alimens sans gêne et sans effort[1]. »

La prothèse employait alors presque exclusivement l'ivoire, les dents humaines, celles du bœuf et du morse[2]. En 1780, « le sieur Ladoucette, l'aîné, chirurgien-dentiste, reçu au collège de chirurgie, quai Pelletier, près

[1] *Tableau de Paris*, chap. CCCLXXXII, t. V, p. 75.

[2] Gerauldy, *L'art de conserver les dents*, 1737, in-12, p. 121.

la Grève, maison d'un parfumeur, » annonçait au public qu'il venait « d'imaginer de nouveaux ressorts en or, pour maintenir, avec toute la solidité possible, les mâchoires artificielles dans l'usage de la mastication et de la parole. Ces mâchoires sont conformées de manière à imiter la belle nature et à exécuter tous les mouvemens de la bouche sans être exposées à la fragilité ; elles servent surtout, au défaut de dents naturelles, à une trituration des alimens : ce qui, comme l'on sait, est la base de toute l'économie animale[1]. »

Parmi les moyens de calmer la douleur ou d'arrêter les progrès de la carie, deux surtout furent à la mode au début du siècle, le corail en bâton maintenu quelque temps sur la dent, et l'attouchement par la main de l'opérateur. Bunon écrit à ce propos : « La guérison des maux de dents par le simple attouchement du doigt est une merveille de nos jours que je ne puis passer sous silence. On prétend que la vertu de l'attouchement est l'effet d'une préparation dans laquelle le guérisseur a trempé sa main, on conjecture même que c'est du cérumen ou de cette espèce de cire qui se

[1] *Affiches, annonces et avis divers*, n° du 20 décembre 1780, p. 201.

forme dans l'oreille, mise secrètement au bout du doigt : quoi qu'il en soit, il est aisé d'en faire voir l'abus. Tout ce que peut opérer l'attouchement, c'est de tranquilliser le malade par la confiance d'être guéri[1]. »

Bunon mourut en 1748. Sa veuve continua le commerce de quelques dentifrices inventés par lui, et, en 1769, elle céda ses droits à son fils. Celui-ci, non moins dentiste que son père, s'empressa d'informer l'humanité souffrante, qu'il tenait à sa disposition :

1° Un élixir antiscorbutique, qui raffermit les dents, dissipe le gonflement et l'inflammation des gencives, les fortifie sensiblement, prévient toutes les affections scorbutiques et calme la douleur des dents. Les plus petites bouteilles sont de 30 sous.

2° Une eau souveraine, qui produit une partie des mêmes effets, qui de plus guérit promptement les chancres et les boutons formés dans l'intérieur de la bouche, qui la tient saine et dans un bon état de fraîcheur, et qui corrige la mauvaise haleine. On peut en user tous les jours. Prix 24 sous les plus petites bouteilles [2].

Il y avait aussi l'eau admirable dite de Mme de la Vrillière, et l'apothicaire chargé

[1] *Essay sur les maladies des dents*, 1743, in-12, p. 178 et 191.

[2] *Affiches, annonces et avis divers*, n° du 7 juin 1769.

de la débiter avait trouvé pour l'annoncer une formule naïve qui n'aurait sans doute pas beaucoup de succès aujourd'hui :

Un particulier, souffrant horriblement d'une dent cariée, fut conseillé de se servir d'une eau appelée eau de Madame de la Vrillière, qui se vend chez M. Regnault, maître apothicaire, successeur de M. Brongniard, à Paris, rue de la Harpe. Comme il étoit las de se faire tirer des dents, il s'est servi de cette eau avec tant de succès que depuis il n'a eu aucun mal. Il l'a conseillée à plusieurs de ses connoissances, qui en ont éprouvé le même bien. Il croiroit, dit-il, manquer aux droits de l'humanité, s'il ne faisoit point part au public d'un remède aussi avantageux pour un mal si commun [1].

Ce désintéressé bienfaiteur de l'humanité avait soin de ne faire aucune allusion à un procédé simple et peu coûteux, qui venait d'être inventé et qui valait bien son remède aquatique. On était sûr du succès en achetant une « petite barre aimantée, » dont le prix était de 50 sous (3 livres avec l'étui). Ceci fait, il suffisait « de tourner le malade au nord, de poser la pointe de l'aimant sur la dent douloureuse, et de l'y laisser quatre minutes. Si la douleur continue, il faut toucher les dents voisines. Cet aimant ne guérit

[1] *Journal général de France*, n° du 28 février 1786.

point quand il y a fluxion. La proximité du fer, de l'acier et d'un autre aimant, ainsi que la rouille, l'empêche aussi d'opérer[1]. »

Un arrêt du 19 avril 1755, dû aux instances de Lamartinière, premier chirurgien du roi, interdit aux femmes la profession de dentistes[2]. Deux femmes pourtant l'exerçaient encore en 1760, c'étaient Mlles Calais, rue de Grenelle-Saint-Honoré, et Hervieux, rue Geoffroy-Lasnier. Paris ne comptait guère qu'une trentaine de dentistes[3]. Deux d'entre eux étaient reçus maîtres en chirurgie[4], les autres portaient le titre d'EXPERTS, seule qualification que donnassent aux dentistes les

[1] *Affiches, annonces et avis divers*, n° du 1er avril 1772.

[2] « Comment seroit-il possible, disait le parlement, que des femmes et des filles, que la décence de leur sexe exclut des cours d'anatomie et d'ostéologie, puissent acquérir une capacité suffisante pour traiter ces parties de la chirurgie avec succès, lorsqu'après bien des veilles d'un travail assidu, souvent l'expérience des plus grands maîtres suffit à peine pour ces opérations ? » *Arrest de la Cour de Parlement, qui ordonne qu'à l'avenir les femmes et les filles ne pourront être agrégées dans l'état d'herniaires et de dentistes, ni dans aucune autre partie de la chirurgie, excepté celle qui concerne les accouchemens, sous quelque prétexte que ce soit.*

[3] On trouve leur nom et leur adresse dans Jèze, *État ou tableau de la ville de Paris considérée relativement au nécessaire, à l'utile, à l'agréable et à l'administration.* Paris, 1760, in-8°, p. 5.

[4] M. M. Dupouy, rue Saint-Roch, et Garre, rue des Cordeliers.

statuts de septembre 1699[1]. Leurs examens, beaucoup moins compliqués que ceux des chirurgiens, se bornaient à « un seul acte, dans lequel ils *étaient* interrogés tant sur la théorie que sur la pratique[2]. » Ces examens constituaient une fort heureuse innovation, et ils furent rendus plus sérieux au dix-huitième siècle. Les lettres patentes de mai 1768 règlent ainsi la condition des EXPERTS[3] :

ARTICLE CXXVI. Ceux qui voudront s'occuper de la fabrique et construction des bandages pour les hernies ou ne s'appliquer qu'à la cure des dents seront tenus, avant d'en faire l'exercice, de se faire recevoir au collége de chirurgie en la qualité d'experts.

ARTICLE CXXVII. Ne pourront aucuns aspirans être admis en ladite qualité d'experts, s'ils n'ont servi deux années entières et consécutives chez l'un des maîtres en chirurgie ou chez l'un des experts établis dans la ville et faubourg de Paris, ou enfin sous plusieurs maîtres ou experts des autres villes pendant trois années : ce qu'ils seront tenus de justifier par des certificats en bonne forme.

ARTICLE CXXVIII. Seront reçus lesdits experts en subissant deux examens en deux jours différens dans la même semaine... Ils seront interrogés le

[1] Article 102.
[2] Article 112.
[3] *Lettres patentes du Roy, en forme d'édit, portant réglement pour le collége de chirurgie.* Paris, 1768, in-4°.

premier jour sur la théorie, et le second sur la pratique, par le lieutenant de notre premier chirurgien, les quatre prévôts et le receveur en charge, en présence du doyen de la Faculté de médecine, du doyen du collège de chirurgie...

Article cxxix. Defenses sont faites auxdits experts, à peine de trois cents livres d'amende, d'exercer aucune partie de la chirurgie que celle pour laquelle ils auront été reçus, et de prendre sur leurs enseignes ou placards, affiches ou billets, la qualité de chirurgiens, sous peine de cent livres d'amende. Ils auront seulement la faculté de prendre celle d'experts herniaires ou dentistes.

L'*Almanach Dauphin* [1], recueil d'adresses et aussi de réclames, publiait dans son édition de 1777 les renseignements suivants, qui me serviront de conclusion :

CHIRURGIENS-DENTISTES ET EXPERTS POUR LES MALADIES DES DENTS ET DES GENCIVES.

Botot, *place Maubert*. Un des plus renommés pour tout ce qui concerne les maladies des dents et gencives, a établi en cette capitale un cours public et pratique sur l'art de conserver et d'extraire les dents. Cet habile et célèbre artiste, qui donne cha-

[1] *Ou tablettes royales du vrai mérite des artistes* (artisans) *célèbres, et d'indication générale des principaux marchands, banquiers, négocians, artistes et fabricans des Six-Corps, arts et métiers de la ville et fauxbourgs de Paris. Présenté et dédié à Monseigneur le Dauphin pour la première fois en* 1772.

que jour de nouveaux témoignages de son zèle et des connaissances qu'il a acquises dans cette partie, n'a pour but que d'instruire les jeunes élèves qui se destinent à aller en province, et les mettre à portée de connoître et faire usage des instrumens qui facilitent le plus l'artiste dans ses opérations et causent moins de douleurs au malade.

Courtois, *rue et près la Comédie-Françoise, à l'hôtel de la Fautrière*, est auteur d'un nouvel instrument pour l'extirpation des dents doubles, avec lequel il remédie aux inconvéniens que la pratique présente journellement dans la manière de les ôter.

Le Roy, *rue de Grenelle Saint-Honoré,* chirurgien-dentiste de feu S. A. S. madame la duchesse d'Orléans, est un des plus renommés pour guérir toutes les maladies de la bouche, et pour tirer les dents, les ranger, plomber, réparer, nettoyer et en remettre d'artificielles. Il seroit à souhaiter que cet habile artiste voulût bien donner au public le manuscrit précieux qu'il a fait sur l'art du dentiste.

CORRESPONDANS

Le sieur Auzeby, *à Lyon*, est auteur d'un traité odontalgique, fort estimé par les gens de l'art.

Objets relatifs, remèdes secrets approuvés contre les maux de dents.

Barreaux aimantés, propres à arrêter sur le champ les douleurs de dents. A Paris, rue Saint-Antoine, chez M. Hau, horloger, près l'hôtel de Turgot.

Opiat royal du sieur Dulac, parfumeur, rue

Saint-Honoré. La composition de cet opiat est due aux recherches d'un des plus savans médecins de l'Europe, et attestée par feu M. Capron, dentiste du Roi.

Véritable trésor de la bouche, pour blanchir les dents, nettoyer et affermir les gencives, et conserver la bouche dans la plus grande fraîcheur, de la composition du sieur N... Approuvé de la commission royale de médecine.

Elixir odontalgique du sieur Le Roi de la Faudirue[1], dentiste de son Altesse Sérénissime Monseigneur le prince Palatin, duc régnant des Deux-Ponts, rue Royale Sainte-Antoine. La découverte de cet élixir, reconnu, ainsi que l'opiat qui l'accompagne, pour un des plus fameux dentifrisse contre tous les maux de dents et gencives, a mérité à cet artiste l'approbation de la haute chirurgie et un brevet de la commission Royale de médecine. Le succès continuel de ses opérations soutient à juste titre la réputation singulière qu'il s'est établie dans toutes les parties du monde où les François ont relation.

Esprit de la Mecque et élixir antiscorbutique du sieur Ricci, quai de la Féraille, pour rétablir les affections scorbutiques de gencives, détruire les petits chancres et ulcères de la bouche, et guérir radicalement les douleurs de dents, telles qu'elles puissent être, sans qu'elles fassent jamais plus de mal, et sans que ce remède, qu'il annonce

[1] Je le trouve nommé ailleurs : Le Roi de la Faudignère.

immanquable, porte jamais préjudice aux bonnes dents.

II

LA PIERRE ET LES HERNIES

Les chirurgiens ambulants du quatorzième siècle. — Le franc archer de Meudon. — La première opération de la taille, suivant Jean de Troyes. — Ce n'est pas de la taille qu'il s'agissait. — Le grand, le petit et le haut appareil. — Les inciseurs soumis aux chirurgiens. — La famille Colot et la cystotomie. — Les lithotomistes du roi. — Comment on supportait la lithotomie au dix-septième siècle. — A. Ruftin, Jacques Beaulieu, frère Jacques et frère Côme, Maréchal, F. Tolet, Claude Lecat. — Spécifiques contre la gravelle et la pierre. — Jeanne Stephens. — Elle découvre un admirable spécifique. — Le Parlement anglais lui en achète le secret. Il cesse de guérir. — La réduction des hernies. — Doit-on dire *hargne, hergne* ou *hernie?* — Les faiseurs de brayers. — Le remède du prieur de Cabrières. — Les experts herniaires, examen qu'ils doivent subir.

Dans un précédent volume [1], j'ai mentionné déjà les inciseurs ou opérateurs, chirurgiens ambulants qui, au début, n'ont aucune notion d'anatomie, ne savent pas même lire. Dès le quatorzième siècle, on les rencontre parcourant les provinces, cheminant un bâton à la main par monts et par vaux, narguant les

[1] Voy. *Les chirurgiens.*

chirurgiens qu'ils qualifient d'ignorants et, non sans raison, de poltrons. Eux, les vrais précurseurs de nos chirurgiens actuels, rien ne les effraye, rien ne les étonne, rien ne les arrête. Le sac au dos, sac qui contient leur léger bagage et quelques grossiers instruments, ils vont de village en village, tendant une main secourable à tous ceux qui souffrent. Le besoin de vivre est leur seul mobile et la hardiesse leur seul guide. Ils réduisent les hernies, abaissent les cataractes, extrayent les pierres de la vessie, châtrent les animaux et les hommes, appliquent le trépan, incisent les fistules. Ils osent tout, et le succès vient souvent couronner leur audace.

L'opération à laquelle fut soumis en 1474 un franc archer[1] de Meudon, et qui est restée si célèbre, dut être faite par un inciseur.

Jean de Troyes raconte[2] qu'un franc archer de Meudon, condamné à mort pour avoir

[1] La création des francs archers fut la première tentative destinée à constituer une armée régulière et permanente. L'ordonnance du 28 avril 1448 (dans les *Ordonnances royales*, t. XIV, p. 1) veut que dans chaque paroisse il y ait « un archer qui sera et se tiendra continuellement en habillement suffisant, et armé de salade, dague, épée, arc, trousse, etc. » Ces hommes, choisis parmi les meilleurs tireurs d'arc, étaient exempts (francs) d'impôts.

[2] *Chronique*, édit. Michaud, t. IV, p. 311.

commis un sacrilège dans l'église de cette ville, allait être « pendu et estranglé au gibet de Montfaulcon. » Heureusement pour lui, il avait la pierre, maladie alors très commune et dont souffrait Mgr du Bouchage. On obtint de Louis XI qu' « une ouverture et incision fût faicte au corps dudit franc archier, et dedens icelluy quis[1] et regardé le lieu desdites maladies. » Ainsi fut fait. L'archer guérit très bien, eut sa grâce et reçut même une somme d'argent.

Ce récit a été l'origine de nombreuses erreurs. L'incision, lit-on partout, fut pratiquée par le chirurgien Germain Colot, qui aurait tenté ce jour-là pour la première fois l'opération de la taille. D'abord, l'existence de ce Germain Colot est fort contestable. Ensuite, l'opération de la taille était connue et pratiquée en France depuis le dixième siècle tout au moins[2]. Enfin, il ne peut s'agir ici d'une opération de ce genre. Jean de Troyes dit qu'après l'incision, les « entrailles » du patient furent « remises dedans. » On les avait

[1] Cherché.

[2] Voy. l'abbé Lebeuf, *État des sciences en France depuis Charlemagne jusqu'au roi Robert*. Dans le *Recueil de divers écrits*, t. II, p. 131.

donc enlevées, ce qui n'a point lieu dans la taille périnéale, la seule qui fût alors pratiquée[1].

Hippocrate n'avait osé la tenter. On lit dans *Le Serment* : « Je jure de ne tailler aucune personne atteinte de la pierre ; j'abandonnerai cette pratique aux mercenaires qui s'y livrent[2]. » L'école d'Alexandrie fut plus hardie, et Celse décrit très clairement le procédé opératoire connu dans la suite sous le nom de *petit appareil*. Jean de Romani, chirurgien de Crémone, et le Napolitain Mariano Santo[3] le perfectionnèrent et créèrent la méthode dite de Mariano ou *grand appareil*, qui ne diffère guère de la première que par sa complication et le grand nombre d'instruments dont elle exige l'emploi[4]. Enfin, vers le même temps, Pierre Franco, inciseur français, inventa la taille sous-pubienne, nommée plus tard *haut appareil*[5].

Les chirurgiens traitaient les inciseurs

[1] Voy. François Tolet, *Traité de la lithotomie*, édit. de 1708, p. 141.

[2] Traduction Littré, t. IV, p. 614.

[3] Début du seizième siècle.

[4] Voy. Fr. Tolet, édit. de 1689, p. 125, et François Le Dran, *Parallèle des différentes manières de tirer la pierre hors de la vessie*, p. 51.

[5] P. Franco, *Traité des hernies*, édit. de 1561, p. 139.

comme eux-mêmes étaient traités par les docteurs, se vengeaient sur eux des affronts que leur infligeait la Faculté. Dans l'un et l'autre cas, le suzerain était fort inférieur au vassal. Par la science pratique et par les services rendus, les inciseurs, les lithotomistes surtout, l'emportaient au seizième siècle sur les chirurgiens à peu près autant que ces derniers sur les médecins.

Les chirurgiens n'en avaient pas moins rédigé de très humiliants statuts, que les inciseurs devaient jurer d'observer le jour où ils recevaient d'eux la licence d'exercer. Lithotomistes, herniaires, oculistes et dentistes prenaient donc l'engagement « de se vêtir avec décence, sans bigarrure ni rien qui ressente le charlatan[1]. » De n'aller « point annoncer leur talent dans les rues, les places publiques, les marchés, les foires, soit de vive voix, soit par des affiches. » De se renfermer dans leur spécialité. De « porter honneur et respect aux maîtres chirurgiens. » De se faire assister par eux « dans toutes leurs opérations, et de payer

[1] « Jurabunt quod honeste induentur, non versicolores nec ad circulatorum luxum compositi. » *Statuts des chirurgiens*, art. 41. Quesnay dans ses *Origines de la chirurgie*, p. 398 et 407, donne un texte latin et un texte français.

chacun treize blancs pour chaque opération au maître chirurgien qui les aura assistés[1]. »

A Paris, la cystotomie resta pendant longtemps la spécialité d'une famille dont les membres gardaient secrets et se transmettaient les uns aux autres certains procédés opératoires. Laurent Collot ou Colot, chirurgien de Henri II[2] et lithotomiste de l'Hôtel-Dieu, enseigna sa méthode à son fils, qui l'appliqua avec succès. Il eut un fils, un troisième Laurent Colot, dont l'habileté égala celle de ses aïeux. Celui-ci donna le jour à Philippe Colot, *peritissimus artifex*, dit Gui Patin[3]; atteint lui-même de la pierre, il se fit opérer par son fils[4] qu'il avait, ainsi que son neveu, associé à ses travaux. Severin Pineau, son gendre, mis en possession du fameux secret, crut devoir le divulguer[5]; mais les Colot ne cessèrent pas pour cela d'exercer leur art, et deux d'entre eux, Jérôme[6] et François[7], ont laissé un nom célèbre.

[1] Voy. *Les chirurgiens*, p. 34.

[2] A. Paré, *OEuvres*, p. 636.

[3] Lettre du 5 décembre 1656, t. II, p. 266.

[4] Perrault, *Hommes illustres*, t. II, p. 87.

[5] Portal, *Histoire de l'anatomie*, t. II, p. 171.

[6] « Lithotomus expertus et peritus, » écrit Gui Patin. *Lettre* du 3 janvier 1659, t. III, p. 107.

[7] « L'illustre M. François Collot, décédé le 25 juin 1706,

Autour de ces maîtres de la science gravitaient une foule d'opérateurs moins connus, mais aussi occupés. Sous Louis XIV, on vit en plein air, on travaille peu, on ne se presse point, on mange beaucoup, et les maladies qui dominent dans la classe aisée sont les congestions et les hémorroïdes[1], la goutte et la pierre, toutes affections tombées aujourd'hui au second rang, et auxquelles ont succédé les manifestations herpétiques, la scrofule, le rachitisme, la dyspepsie, l'hystérie et l'anémie. Au dix-septième siècle, la race, saine et vigoureuse, exempte du nervosisme qui nous asservit, supporte les opérations les plus douloureuses avec une force et un courage dont les anesthésiques sont heureusement venus nous dispenser. La taille alors n'effrayait pas plus que la trépanation, et

a soutenu l'honneur de ses ancêtres dans la haute réputation de lithotomistes, lesquels successivement ont possédé pendant plus d'un siècle la charge de seul opérateur du Roy pour l'extraction de la pierre. Cette charge ayant été créée en 1556 par Henry II pour Laurent Collot, dans la postérité duquel elle a été conservée jusqu'au décès de M. Jérôme Collot en l'année 1684, auquel temps Sa Majesté m'en a honoré, et dont je jouis sous son bon plaisir, avec la survivance pour François Tolet, mon fils. » F. Tolet, édit de 1708, préface.

[1] Voy. *Les chirurgiens*, p. 135.

réussissait presque toujours. Encore faut-il rappeler que l'on saignait deux fois le malade avant de l'opérer[1]. Gui Patin écrivait le 21 novembre 1669 à Falconet : « Le petit François Colot a taillé le marquis de Hauterive, qui s'en porte bien, à l'âge de quatre-vingt-cinq ans[2]. » Tallemant des Réaux nous montre Henry de Saint-Nectaire « taillé et si bien guéry qu'il se remaria deux ans après[3]. » Je trouve encore dans ses *Historiettes* deux faits trop intimement liés à mon sujet pour que je puisse me dispenser de les reproduire. Philippe Colot, raconte-t-il, avait taillé un gros moine. « Le cinquième jour, la playe se portant bien pour le temps, ce frater a avis d'un bénéfice; il se fait faire un coussinet qui avait un trou à l'endroit de la playe, et assis comme une femme, il prend la poste et s'en va à Rome. » A cheval, bien entendu. Quatre mois après, Colot rencontre sur le Pont-Neuf son moine revenu de Rome et mieux portant que jamais[4].

Un sieur Marcilly témoigna dans la même

[1] Dionis, *Opérations de chirurgie*, p. 181.
[2] Tome III, p. 717.
[3] Tome I, p. 232.
[4] Tome VII, p. 417.

occasion de tout autant d'insouciance. Le jour où il devait être taillé, « il alla le matin en grosses bottes, à son ordinaire, solliciter ses procez à cheval : il étoit naturellement chicaneur. Quand il fut de retour, il trouva qu'on l'attendoit. — « Faut-il oster mes bottes? » dit-il (car il ne les quittoit jamais). — « Pensez que ouy, » luy respondit-on. — « Voylà bien des préparatifs; à quoy bon tout cela? » Il ne voulut jamais se laisser lier les bras[1]. Quand l'opération fut faitte : « Je ne sçache, dit-il, personne qui par plaisir se laissast faire cela[2]. »

Antoine Ruffin, maître chirurgien attaché à l'hôpital de la Charité, passait en 1656 pour « le premier lithotomiste de Paris[3]. » Jacques Baulot ou Beaulieu, dit *frère Jacques*[4], apporta quelques modifications au procédé jusque-là suivi, et jouit d'une faveur qui ne se soutint pas longtemps[5]. Lors de ses débuts, il avait été protégé par Fagon; mais lorsque celui-ci,

[1] Dans les opérations très douloureuses, on ne se bornait pas à faire maintenir le patient par des aides, on lui liait souvent les bras. Voy. Dionis, p. 204.

[2] Tome VII, p. 416.

[3] Gui Patin, *Lettre* du 5 décembre 1656, t. II, p. 266.

[4] Mort en 1720.

[5] Voy. Dionis, p. 202 et suiv.

D'après les *Portraits* de Ch. Perrault. XVIIe siècle.

atteint de la pierre, voulut se faire opérer, il s'adressa à Maréchal, premier chirurgien du roi, et n'eut pas lieu de s'en repentir[1]. Maréchal opérait, dit Sprengel[2], avec une telle rapidité « que Garengeot le vit délivrer huit malades de la pierre dans l'espace d'une demi-heure. »

François Tolet[3], partisan surtout du haut appareil, eut le titre d' « opérateur du roi pour la pierre, » sinécure qui lui rapportait douze cents livres par an[4]. Jean Baseilhac, en religion *frère Côme*[5], avait obtenu de ses supérieurs l'autorisation de pratiquer la cystotomie. Il perfectionna la méthode de frère Jacques, et inventa un instrument spécial, le *lithotome caché*, dont l'utilité fut contestée par Claude Lecat. L'Académie de chirurgie, mise en demeure de se prononcer entre les deux systèmes, condamna celui de frère Côme. En février 1665, François Colot ayant taillé le conseiller André Lefèvre d'Ormesson, l'opé-

[1] Saint-Simon, *Mémoires*, t. III, p. 197.

[2] *Histoire de la médecine*, trad. Jordan, t. VII, p. 231.

[3] Mort en 1724.

[4] Trabouillet, *État de la France pour* 1712, t. I, p. 182.

[5] Il appartenait à l'ordre des Feuillants. La *Gazette de France*, qui annonce sa mort le 17 août 1781, le nomme Jean de Badillac.

ration « avoit duré la longueur de plus de deux miserere[1]; » il est vrai que le patient en mourut. En 1753, frère Côme tailla le marquis de Mesmon en moins de trois minutes, et « lui tira une pierre grosse comme un petit œuf[2]. »

Certaines gens, très timorés, ne se laissaient tailler qu'après avoir expérimenté les spécifiques infaillibles qui se chargeaient de rompre ou de dissoudre la pierre dans la vessie. Ils étaient nombreux. Pierre Pomet, le plus savant apothicaire du dix-septième siècle, préconisait surtout la pierre néphrétique. « Elle a, dit-il, la qualité de guérir, estant pendue à la cuisse, ceux qui sont attaquez de la pierre ou de la gravelle[3]. » Ses effets étaient tout aussi sûrs quand on la portait attachée au cou ou passée au doigt comme une bague[4]. On la trouvait en Bohême, en Espagne et en Amérique. La pierre judaïque, qui se récoltait dans la Judée, jouissait de propriétés identiques. Gui Patin rapporte qu'un Gascon, nommé le chevalier de la

[1] Olivier Lefèvre d'Ormesson, *Journal*, édit. Chéruel, t. II, p. 302.

[2] Duc de Luynes, *Mémoires*, 5 juin 1753, t. XII, p. 463.

[3] *Histoire des drogues*, édit. de 1694, p. 104.

[4] *Dictionnaire de Trévoux*, édit. de 1771, t. VI, p. 767.

Rivière, s'engageait à briser la pierre par le moyen d'une eau de son invention; elle lui revenait si cher qu'il n'en pouvait livrer la fiole à moins de cinq cents écus[1]. Mme de Sévigné, atteinte de la gravelle, faisait une grande consommation d'eau de cerises et d'eau de lin[2]. Elle avait foi surtout dans cette dernière; « c'est à cette eau merveilleuse, écrivait-elle, que la France doit la conservation de M. Colbert[3]. »

Vers 1720, Jeanne Stephens, une Anglaise appartenant à une bonne famille du comté de Berks, « trouva par hasard un remède pour dissoudre la pierre dans la vessie. » Ce spécifique, bien annoncé, eut un immense succès. Il produisit même des cures extraordinaires, dont le récit fut consigné dans un volume rempli d'attestations parfaitement authentiques. Miss Stephens se vit mise au rang des plus illustres inventeurs, et en 1738, le Parlement anglais lui accorda une somme de 5,000 liv. sterling (soit 125,000 francs d'alors), à la condition qu'elle révélerait le secret de sa miraculeuse découverte : c'était une poudre

[1] *Lettre* du 13 juillet 1657, t. II, p. 327.
[2] *Lettres* des 5 et 19 avril 1680, t. VI, p. 340 et 358
[3] *Lettre* du 16 février 1680, t. VI, p. 266.

composée de coquilles de limaçons séchés au four, et qui ne guérissait rien du tout[1].

La réduction des hernies fut durant bien longtemps réservée aussi aux inciseurs, qui, avant le seizième siècle, avaient déjà fait une étude assez sérieuse de cette affection. Dès 1556, on en trouve huit espèces différentes décrites dans un volume[2] publié par le plus savant anatomiste de France après Paré, Pierre Franco, qui n'était pas chirurgien, pas même barbier, mais simple inciseur. Au siècle précédent, Marco Gatinaria, médecin de Pavie, s'était appliqué à la cure des hernies, et il célèbre les heureux effets des brayers que fabriquait un forgeron de ses amis.

Brayer était alors, et resta jusqu'au dix-huitième siècle, le nom donné aux bandages herniaires; et, comme leur armature était revêtue de peau de chamois, les ouvriers

[1] Sur la poudre de miss Stephens, Voy. Lecat, *Dissertation sur le dissolvant de la pierre et en particulier sur celui de Mlle Stephens*, 1739, in-8°. — *Mémoires de Trévoux*, n° de janvier 1741, p. 106. — Hartley, *Recueil d'expériences et d'observations sur la pierre*, 1740, in-12. — *Supplément à l'ouvrage de M. Hartley*, 1743, in-12. — Sprengel, *Histoire de la médecine*, t. V, p. 500.

[2] *Petit traité contenant une des parties principales de la chirurgie, laquelle les chirurgiens herniers exercent*, in-12. En 1561, Franco publia sur le même sujet un ouvrage beaucoup plus complet : *Traité des hernies*, etc., in-12.

employés à cette fabrication faisaient partie de la corporation des boursiers[1]. En vertu d'une fondation spéciale, les religieux du couvent des Grands-Augustins, situé sur le quai de ce nom, distribuaient pour rien des brayers aux pauvres affligés de hernies.

Celles-ci furent d'abord appelées *hargnes*. « Ce mot de hargne, écrit Ambroise Paré, a esté donné à ceste maladie, parce que ceux qui en sont vexez, par la douleur qu'ils sentent, coustumièrement sont hargneux, c'est-à-dire mal-plaisans et criars[2]. » Ménage nous apprend que « plusieurs disent *hargne*, mais le bel usage est pour *hergne*[3]. » Furetière, en 1701, veut que l'on écrive *hernie* et que l'on prononce *hergne*[4]. Enfin, suivant le *Dictionnaire de Trévoux* en 1771, « on dit *hernie* et jamais *hergne*[5]. »

Vers la fin du dix-septième siècle un sieur Trimont de Cabrières, prieur de Saint-Geniès de Malgoires, confia à Louis XIV un remède infaillible pour la guérison des hernies. Il

[1] Savary, *Dictionnaire du commerce*, au mot *brayer*.
[2] Page 303.
[3] *Dictionnaire étymologique*, 1694, in-folio, p. 398.
[4] *Dictionnaire universel des mots françois*, v° *Hernie*.
[5] Tome IV, p. 804.

consistait tout simplement en un mélange d'esprit de sel[1] et de vin rouge, dont on stimulait l'action par l'emploi d'emplâtres astringents[2]. Le roi s'était engagé à ne révéler la composition de ce spécifique qu'après

[1] Acide chlorhydrique.

[2] Pour les adultes, la dose était de cinq gros d'esprit de sel dans une chopine de vin. Le prospectus, publié par ordre du roi, décrit ainsi le traitement :

« Il faut avoir un bon bandage qui tienne bien ferme, et mettre un emplastre sur la rupture, et deux s'il est nécessaire, après avoir rasé le lieu où on la doit mettre.

Il faut prendre le remède à jeun.

Il faut battre la bouteille avant que de verser le vin dans le verre.

Il faut, après, en mettre trois doigts dans le verre et l'avaler.

Il ne faut ny boire ny manger que quatre heures après avoir pris le remède.

Il faut en prendre vingt-un jours. S'il fait mal à l'estomach, on peut estre un jour sans en prendre et mesme deux en cas de besoin.

Pendant qu'on prend le remède, il faut porter le brayer jour et nuit. Ne jamais s'asseoir.

Être toûjours debout ou couché, marcher beaucoup, n'aller point à cheval, en carosse ny en charette ; aller toûjours à pied ou en bateau, ne faire aucun excès de bouche ny autres.

Il faut porter le brayer trois mois après les vingt-un jours du remède, jour et nuit.

Il ne faut monter à cheval qu'après les trois mois, et quand on y montera il faut encore porter le brayer autant qu'on croira en avoir besoin pour laisser affermir la partie. »

(*Remède du prieur de Cabrières pour les descentes, donné au public par la bonté du Roy*. Versailles, in-4°, s. d.)

la mort du prieur; il le préparait donc de ses propres mains[1], afin d'en fournir aux malades.

Ce fut pour lors, écrit Dionis[2], qu'on découvrit combien de gens étoient affectés de descentes, par le grand nombre de ceux qui venoient demander ce remède. On s'adressoit au premier valet de chambre du Roy en quartier, on luy donnoit un petit billet de l'âge de celui ou de celle qui avoit besoin du remède. Quelques jours après, on retournoit quérir un petit panier d'ozier, dans lequel il y avoit trois bouteilles de chopine, chacune pleine de vin mélangé, dont on prenoit pendant vingt et un jours. Il y avoit aussi dans ce panier des emplâtres convenables et particuliers à cette maladie. De ceux qui ont pris ce remède, les uns ont assuré d'en avoir été guéris ou soulagez, les autres ont dit qu'il ne leur avoit rien fait. Je conseilleray néanmoins de s'en servir, car quoique le bandage aidé de l'emplâtre astringent suffise souvent pour la cure de cette infirmité, il est vray toutefois que l'esprit de sel mêlé dans le vin ne peut faire que du bien.

N'en déplaise à Dionis, ce remède devait être tout aussi efficace que celui dont certains charlatans préconisaient l'emploi, et qui consistait à « fendre un chêne et faire passer trois fois le malade dedans[3]. »

[1] Voy. *Les médicaments*, p. 209 et 223.

[2] Page 269.

[3] J.-B. Thiers, *Traité des superstitions*, édit. de 1697, t. I, p. 383.

Les statuts accordés aux chirurgiens en 1699[1] et en 1768[2] réglèrent la condition des membres de la communauté qui se consacraient à la cure des hernies. Les statuts de 1768 leur défendent de prendre tout autre titre que celui d'*experts-herniaires*. Pour être admis à exercer, ils devaient avoir servi pendant deux ans, soit chez un chirurgien, soit chez un expert herniaire, et subir deux examens au collège de chirurgie en présence du doyen de la Faculté de médecine. En 1699, ils ne pouvaient « faire aucune opération ni incision, mais seulement l'application des bandages[3], » interdiction maintenue d'une manière moins formelle dans les statuts de 1768.

Il y avait à Paris en 1760 trois chirurgiens faisant de la cure des hernies leur spécialité, et dix-sept experts-herniaires reçus à Saint-Côme, parmi lesquels on remarque deux « demoiselles[4]. » Les plus habiles d'entre eux sont signalés en ces termes dans un ouvrage publié en 1777[5] :

[1] Articles 103 à 112.
[2] Articles 126 à 129.
[3] Article 104.
[4] *État ou tableau de la ville de Paris*, 1760, in-8°, p. 5.
[5] *Almanach Dauphin pour* 1777, p. 13.

BROGNARD, *rue de la Vieille-Monnoye.* — Inventeur de nouveaux bandages élastiques très doux et très commodes.

DHIRIBAREN, *rue de la Harpe.* — Élève du sieur Sorray [1], est connu avantageusement par une nouvelle méthode concernant la forme et construction des bandages propres à la guérison des hernies. Cet artiste, digne de la plus grande confiance, supplée aux défauts de construction qui peuvent se rencontrer chez les hernistes, et simplifie les machines propres au traitement le plus commode et le plus efficace.

JUVILLE, *rue des Fossés Saint-Germain l'Auxerrois,* vis-à-vis la colonnade du Louvre. — Indépendamment des différens bandages dont il fait usage, il donne avis qu'il vient d'en inventer un, d'une nouvelle construction, pour les hernies ventrales et ombilicales, dont la méchanique, qui est très simple, n'a pas une ligne d'épaisseur.

MARCHAIS, *carrefour de l'École.* — Chirurgien en charge de Mgr le comte de Provence, expert pour les descentes.

ROSE, *rue Sainte-Marguerite,* fauxbourg Saint-Germain. — Expert reçu à l'école de chirurgie, un des plus habiles pour la construction des bandages élastiques pour la guérison des hernies ou descentes. Il vient de construire de nouveaux supports élastiques contre la courbure des jambes ou l'épine du dos des enfans, et annonce qu'il est si sûr de leur

[1] Je le trouve ailleurs nommé Sorraiz, et qualifié de « chirurgien espagnol. » Il demeurait rue Hautefeuille.

succès qu'il s'engage à en rendre le prix si, après l'expérience, l'on n'est pas satisfait.

III

CHATREURS, RENOUEURS, OCULISTES ET PÉDICURES

La castration, ses avantages et ses inconvénients. — Effroyable abus qui en est fait. — Les renoueurs, rhabilleurs, rebouteurs, etc. — La famille de Bailleul et l'exécuteur des hautes œuvres. — Les renoueurs à la Cour. — Examen qu'ils doivent subir. — Maison médicale de Louis XVI. — Les oculistes. — Ils sont assimilés aux renoueurs. — Les oculistes du roi. — Principaux oculistes en 1760. — Les émailleurs-oculistes. — La fabrication des yeux artificiels, des gorges et des mollets factices, des bras et des jambes de bois. — Les fabricants d'instruments de chirurgie. — Conques pour la surdité. — Les cabinets d'anatomie. Pièces en cire. — Les pédicures. — Peu de cas qu'en fait Dionis. — Les pédicures à la Cour. — Ouvrages publiés par eux. — Dentiste et pédicure.

Un des moyens les plus prônés pour la cure des hernies était l'ablation d'un testicule ou même des deux. Bien d'autres affections, la lèpre[1], la goutte, l'aliénation mentale par exemple, ne résistaient pas à ce procédé énergique. Le temps, loin d'affaiblir cette croyance, l'enracina, l'étendit, et la castration devint peu à peu une sorte de panacée qui assurait

[1] Voy. Ét. Baluze, *Epistolæ Innocentii III*, t. I, p. 10.

mille avantages à l'heureux mortel débarrassé d'un organe nuisible. A la fin du seizième siècle, Jean Bodin démontre de son mieux pourquoi :

Les chastrez ne sont subjects aux varices.
— — sont exempts de la goutte.
— — surmontent tous les autres hommes en prudence, etc., etc.[1]

François Ranchin, en 1640, reconnaît toutefois que la castration « n'est pas un remède certain pour les lépreux[2]. » Elle avait tant d'autres mérites que l'on pouvait bien lui contester celui-là.

Fabrizio d'Aquapendente, mort en 1619, mentionne[3] un Horace de Norsia, habile inciseur, qui à lui seul châtrait environ deux cents individus par an.

Il avait en tous lieux des confrères aussi occupés; mais il ne faut pas compter parmi eux Ambroise Paré. Dans son traité des hernies, il s'élève avec indignation contre les ignobles opérateurs qui « coupent les coïl-

[1] *Théâtre de la nature universelle,* traduit en français par François de Fougerolles, docteur en médecine. 1597, in-8°, p. 549.

[2] *Traicté curieux de la lèpre.* Dans ses *Opuscules ou traictés divers et curieux en médecine.* In-8°, p. 483.

[3] *Opera chirurgica.* 1628, in-8°, p. 257.

lons » aux garçons[1]. Il les moleste encore dans le chapitre où il étudie les plaies des aines et des testicules; il veut que l'on conserve avec soin ces parties « qui sont nécessaires à la génération, » et ajoute-t-il, « qui mettent la paix en la maison[2]. » Sur ce point, il devait savoir à quoi s'en tenir, ayant été marié deux fois. Mais Paré ne fut point écouté.

Dionis, au dix-huitième siècle, a soin d'avertir ses élèves que les châtrés ne sont pas, « ainsi qu'on le croit en général, exempts de certaines maladies, comme de la goutte, de la ladrerie, de la mort subite, etc. » Il affirme aussi qu'il a connu « un opérateur qui ne nourrissoit son chien que de testicules; le chien se tenoit sous le lit ou sous la table, proche son maître, en attendant ce morceau friand, dont il le régaloit aussitôt après avoir fait l'extirpation[3]. »

L'abus fut porté à tel point que la Société royale de médecine s'en émut. En 1776, elle nomma des commissaires chargés de faire une enquête sur ces odieuses mutilations et d'avi-

[1] *OEuvres*, édit. de 1607, p. 315.
[2] *Ibid.*, p. 399.
[3] Pages 288 et 324.

ser aux moyens d'y mettre un terme. Ils constatèrent que, dans le seul diocèse de Saint-Papoul, plus de cinq cents jeunes gens avaient été châtrés par d'audacieux inciseurs, qui recevaient pour chaque opération 35 livres[1].

Ces abominables charlatans occupaient, dans la grande famille chirurgicale, un rang très inférieur à celui qu'avaient su conquérir les *renoueurs* dits aussi *rhabilleurs*, *remetteurs*, *rebouteurs* ou *bailleuls*. Littré donne de ce dernier nom une étymologie peut-être exacte à l'origine, mais qui changea au seizième siècle, et que Ménage ne mentionne même plus[2]. La famille de Bailleul, d'où sortirent d'éminents magistrats, passait pour avoir reçu du ciel le don de « remettre les os disloquez et rompus..., et de leur nom, ajoute Tallemant des Réaux, on appelle tous les remetteurs des bailleuls[3]. »

Scévole de Sainte-Marthe fournit sur cette famille de curieux renseignements. Le premier de ses membres dont la mémoire ait été conservée se nommait Jean de Bailleul, était

[1] P.-V. Renouard, *Histoire de la médecine*, t. II, p. 288.
[2] Voy. sa p. 71.
[3] *Historiettes*, t. V, p. 401.

abbé de Joyenval et aumônier de Henri II. « Il fit des cures si grandes et si admirables que toute la Cour le considéra comme un homme extraordinaire. » Il transmit ses secrets à sa postérité, et Nicolas de Bailleul se montra digne de lui.

C'estoit, dit encore Sainte-Marthe, une chose merveilleuse de voir avec quelle douceur et agilité de mains il manioit les os démis ou rompus, comme il remettoit les nerfs desjoints ou tressaillis et tous les membres du corps dans leur première assiette, et leur rendoit leurs fonctions naturelles. Car il pratiquoit ces choses si heureusement que, soit que cela procédast de l'agilité de sa main ou de la haute opinion que les malades avoient conceue de son adresse et de son expérience, ils n'avoient presque au fort de leur mal aucun sentiment de leur mal mesme. Tous ses remèdes estoient bénins et conformes à la nature, et il sçavoit le secret d'adoucir et comme assoupir toute sorte de maux sur le point qu'il les traitoit. Avec tout cela, il ajustoit ses bandages si à propos sur le corps des malades et, par de divers tours et retours qu'on ne pouvoit démesler, il serroit si fortement et si doucement encore toutes les parties offencées, que pas une ne se pouvoit ny lascher ny mouvoir qu'à sa volonté. Si bien que, par le moyen de ses ligatures et le souple maniment de ses mains, il tournoit les os, les artères et les nerfs comme luy sembloit, et les rangeoit finalement où ils devoient estre... Enfin, riche d'honneur et de réputation, il mourut à Paris, l'an 1610, du desplaisir extrême qu'il conceut de l'horrible et détestable parricide commis en la personne sacrée du Roy Henry le Grand, son bon maistre [1].

Michel de Bailleul, président à mortier, chancelier d'Anne d'Autriche et surintendant des finances [2], possédait aussi le don singulier dévolu à sa famille [3].

Le peuple l'attribuait également à l'exécuteur des hautes œuvres, qui, comme on sait, opérait presque partout les fractures et les luxations. En mars 1755, le bourreau de Fontenay-le-Comte fut condamné de ce fait à dix livres d'amende. Il offrit de subir les examens exigés des chirurgiens, et un arrêt rendu par le Parlement de Paris repoussa cette proposition. En avril 1761, les chirurgiens firent encore infliger une amende de 500 livres au bourreau du Mans qui avait pris, dans un acte public, le titre de *chirurgien-restaurateur* [4]. On les accusa aussi d'avoir

[1] *Éloges des hommes illustres, traduits en françois* par *G. Colletet.* Édit. de 1644, in-4°, p. 560. — Édition latine, 1630, in-4°, p. 156.

[2] Mort en 1653.

[3] Tallemant des Réaux, t. V, p. 401.

[4] Abbé Jaubert, *Dictionnaire des arts et métiers*, t. II, p. 22.

voulu assassiner un célèbre rebouteur, nommé Dumont et surnommé Val-des-Choux, dont ils redoutaient la concurrence [1].

Elle était redoutable, en effet, car il n'y avait pas un village qui ne possédât quelque renoueur. Non seulement ils agissaient au grand jour, se qualifiaient de *chirurgiens-bailleuls-renoueurs*, mais encore on les voit, dès le seizième siècle, admis à la Cour. Placés sur le même rang que les chirurgiens, ils jouissent du même crédit, mangent à la même table. En 1528, le soin de conserver la santé de François Ier appartenait à :

8 médecins.
1 apothicaire.
1 aide apothicaire.
8 chirurgiens-barbiers.
4 barbiers-chirurgiens.
1 rhabilleur ou renoueur.

Ce dernier avait nom Guillaume Thoreau ou Tahureau, et ses gages étaient les mêmes que ceux des chirurgiens, 240 livres par an. Les renoueurs approchaient donc, au besoin, la personne du roi. Ambroise Paré, qui les appelle « r'habilleurs ou renoüeurs, » semble n'avoir pas eu trop mauvaise opinion d'eux;

[1] Bachaumont, 30 janvier 1780, t. XV, p. 37.

« ils r'habillent, dit-il, une partie rompuë ou luxée et séparée, et la réduisent en son lieu [1]. » Henri IV se contentait d'un seul renoueur, mais Louis XIII en entretenait trois. Ils étaient également trois sous Louis XIV, savoir :

Maistre Jacques Cuvillier,
— Denys Montfort,
— Jacques Cuvillier fils,

qui touchaient 600 livres de gages et partageaient la table des valets de chambre [2].

Les statuts octroyés aux chirurgiens en 1699 interdirent aux « bailleurs et renoüeurs d'os » d'exercer avant d'avoir subi une légère épreuve à Saint-Côme. Ils ne durent aussi prendre aucune autre qualité que celle *d'experts*. L'article 102, relatif à tous « ceux qui peuvent être agrégés dans la communauté, » est ainsi conçu :

Il sera fait défenses à tous bailleurs-renoüeurs d'os, aux experts pour les dents, aux oculistes, lithotomistes et tous autres exerçans telle partie de la chirurgie que ce soit, d'avoir aucun étalage ni d'exercer dans la ville et fauxbourgs de Paris aucune

[1] Livre XV, chap. IV.

[2] *État de la France pour* 1692, p. 95; pour 1712, t. I, p. 182.

de ces parties de la chirurgie, s'ils n'en ont été jugés capables par le premier chirurgien du Roy ou son lieutenant, et par les quatre prévots en charge. Sçavoir : les bailleurs et renoüeurs d'os en faisant la légère expérience et payant les droits portés par l'article 123 cy-après; les experts pour les dents, oculistes, lithotomistes et autres, suivant la forme prescrite par les articles 111 et 112 cy-après [1]. Sans que les uns ni les autres puissent former un corps distinct et séparé, ni prétendre au droit d'être agrégés à la communauté des maîtres chirurgiens, ni prendre d'autres qualités que celle d'expert pour la partie de chirurgie sur laquelle ils auront été reçus.

Au mépris de cette dernière prescription, un sieur Dumont se disait officiellement « chirurgien renoueur des camps et armées du Roi, chirurgien honoraire de la Reine, premier chirurgien renoueur de Monsieur [2]. »

[1] « L'examen sera fait par le premier chirurgien du Roy ou son lieutenant et les quatre prévôts en charge, en présence du doyen de la Faculté de médecine, du doyen de la communauté des chirurgiens, du receveur en charge, des deux prévôts et du receveur qui en sortent et de tous les maitres du Conseil, de deux maitres de chacune des quatre classes, qui seront choisis successivement et chacun à leur tour, et de deux desdits experts aussi successivement. » Article 111.

« Cet examen sera composé d'un seul acte, dans lequel seront lesdits experts interrogés tant sur la théorie que sur la pratique. » Article 112.

[2] Voy. Bachaumont, 26 août 1781, t. XVIII, p. 1.

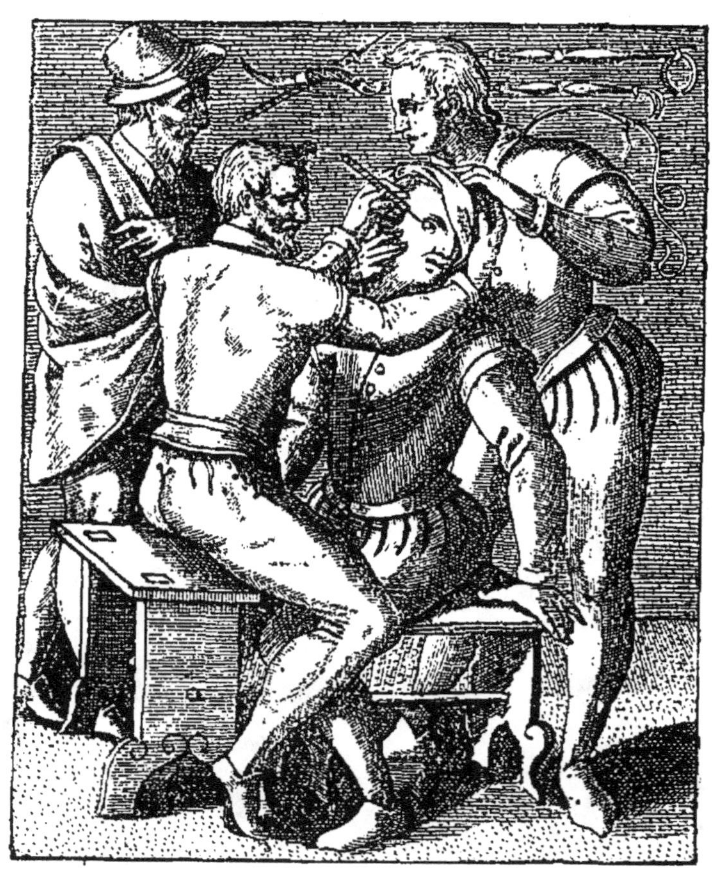

D'après Jacques Guillemeau, *Chirurgie françoise*, 1594, in-folio.

La maison médicale de Louis XVI comptait en 1786, outre les médecins :

1 premier chirurgien.
1 — — ordinaire.
8 chirurgiens ordinaires.
4 renoueurs.
1 oculiste.
1 dentiste.
1 opérateur pour la pierre au petit appareil.
1 — — grand —
1 chirurgien pédicure [1].

Pendant fort longtemps, les oculistes avaient emprunté au loup de précieux remèdes. Jacques du Fouilloux écrivait vers 1580 [2] :

Des médecins et philosophes j'ay encores appris que ceux qui ont mal aux yeux sentent souverain allégement s'ils les oignent des excrémens du loup : et que la cendre faite desdits excrémens, meslée avec du miel, est bonne pour sister la défluxion des yeux chessieux ou pleurans : et que la graisse du mesme loup est pareillement fort propre pour les en froter.

En 1657, il y avait à la Cour un oculiste en titre, nommé Guillaume Parthon, qui tou-

[1] Guyot, *Traité des offices*, t. I, p. 567.

[2] Jacques du Fouilloux, *La venerie*, édit. de 1585, in-4°, p. 113 r°.

chait 300 livres de gages[1]. *Le livre commode pour* 1692 célèbre les mérites de « M. Girard, chirurgien opérateur, qui s'attache particulièrement à la cataracte, qui fait son séjour ordinaire à Châlons en Champagne, qui vient à Paris tous les ans au printemps, et loge rue de la Huchette, à l'enseigne des capillaires de Montpellier[2]. »

Les oculistes sont traités, par les statuts de 1699, exactement comme les renoueurs[3]. Mais au siècle suivant, La Martinière, premier chirurgien du roi, ayant fondé à Saint-Côme une chaire d'ophtalmoiatrie[4], les oculistes se firent, dès lors, recevoir maîtres en chirurgie. Deshais-Gendron fut le premier qui professa cet art au collège; il eut pour successeurs Louis Becquet et Jacques Arrachart[5].

Si je n'ai pas donné une place plus honorable aux oculistes, c'est que la plupart d'entre eux étaient fort amis de la réclame. Jacques Daviel, savant homme, qui fut « chirurgien

[1] *Estat général des officiers domestiques et commençaux de la maison du Roy*, p. 50.

[2] Tome I, p. 160.

[3] Article 102. Voy. ci-dessus.

[4] En novembre 1765.

[5] A. Corlieu, *L'enseignement au collège de chirurgie*, p. 43.

ordinaire et oculiste du roi, » n'eut peut-être sur ce point rien à se reprocher, mais on n'en saurait dire autant de sa veuve, comme le prouve le morceau suivant :

La réputation de feu M. Daviel, oculiste du Roi et le plus célèbre de l'Europe, recommande assez ses remèdes pour que l'on se dispense d'en spécifier l'efficace. Il a laissé à sa veuve, rue des Moulins, près de la fontaine, But Saint-Roch à Paris, le secret d'une eau verte, qui fortifie la vue foible et fatiguée, en dissipe les ombres et brouillards, et la rétablit dans son état naturel, outre une eau blanche contre les inflammations des yeux et une pommade contre les ulcères, les boutons et la chassie des paupières. Chaque bouteille d'eau coûte six francs, et le pot de pommade se vend au même prix [1].

Babelin, qui jouit également d'une grande réputation, soignait les oreilles aussi bien que les yeux, et il ne craignait pas de faire insérer dans les journaux des annonces de ce genre :

Le sieur Babelin, habile oculiste à Paris, rue Ticquetonne, maison de M. Berger, fabricant de chapeaux, seul possesseur du baume spécifique pour la surdité, les duretés d'oreilles et les autres accidens de cette partie, que distribuoit la feue demoiselle de Lussan, continue d'opérer, par le

[1] *Gazette de Hollande*, n° du 1er août 1766.

moyen de ce baume, qui est fort connu, de très-heureux effets. Ce remède est un topique spiritueux et doux, qui guérit plus ou moins promptement, suivant le caractère et l'ancienneté de la maladie. On peut se purger avant d'en faire usage, mais il n'exige d'autre régime que de se garantir du vent et du brouillard, et ne peut jamais causer le moindre accident. Le prix des boîtes est de 12 liv. 12 sols [1].

Parmi les plus habiles confrères de Daviel et de Babelin, on peut encore citer :

MM. Béranger, *rue de Seine Saint-Germain.*
Besson, *rue Montmartre.*
Secours, *rue Gervais-Laurent.*
Grandjean, *rue Galande.*
Pierre Demours, *rue Mazarine.*

Ce dernier fut oculiste de Louis XV, et mourut en 1795.

L'art de fabriquer des yeux artificiels était connu depuis longtemps. On les fit en verre d'abord, puis en émail. A la fin du dix-septième siècle, le voyageur anglais Lister raconte qu'il alla visiter l'atelier de « Hubins, le fabricant d'yeux de verre; j'en vis, dit-il, de pleins tiroirs de toutes couleurs, de façon à appareiller n'importe quels yeux [2]. » Au

[1] *Affiches, annonces et avis divers,* n° du 7 juin 1775.
[2] *Voyage à Paris en* 1698, p. 133.

siècle suivant, les deux *Émailleurs-oculistes* qui se partagent les préférences du public sont les sieurs Roux et Auzou :

Roux, émailleur ordinaire du Roi, rue des Juifs, un des plus habiles et des plus célèbres de cette capitale pour les yeux artificiels d'émail, en tient une collection précieuse de toutes espèces.

Cet ingénieux artiste est parvenu au point d'imiter tellement la nature par la forme, la couleur et le brillant, que lorsque l'œil éteint n'est pas entièrement détruit ou déformé, celui qui le remplace reçoit tous les mouvemens du muscle, et ne permet plus de distinguer lequel des deux est affecté.

Sa générosité, et son amour pour le bien de l'humanité, le portent même à en donner gratuitement les lundis aux pauvres [1].

Ce Roux mourut en 1777 [2]. Il eut pour successeur un sieur Auzou, qui fut également émailleur du roi. « On ne sauroit, dit un journal du temps, trop faire connoître le talent ingénieux avec lequel cet artiste se rapproche si près de la nature que l'art semble disparoître dès que l'œil artificiel est mis en place. On les voit tous les deux suivre la même direction et faire ensemble les mêmes mouvemens. »

[1] *Almanach Dauphin*, 2e partie, p. 20.
[2] *Affiches, annonces*, etc., n° du 7 janvier 1778.

Dès la fin du dix-septième siècle, on distribuait sur le Pont-Neuf les prospectus d'industriels, qui se vantaient, dit J.-P. Marana [1], de fabriquer des yeux en cristal, de guérir les maux incurables, de rajeunir les vieillards et de « faire des jambes de bois pour réparer la violence des bombes. »

Cette industrie et d'autres analogues se développèrent singulièrement par la suite. L. Prud'homme écrivait en 1807 :

Si vous voulez savoir jusqu'où l'art est parvenu dans cette métropole, allez chez M. Hazard [2] ; au foyer de sa lampe, vous verrez naître le cristallin, l'uvée, l'iris, les veines les plus imperceptibles, et pour ainsi dire jusqu'au mécanisme admirable de la vision. A midi, vous lui demandez l'œil qui vous manque, et après le dîner, vous allez en société avec deux yeux parfaitement semblables.

Avez-vous besoin de prunelles? le sieur Demours [3] vous en fera une. De dents? voyez Sirabode [4] ou Catalan.

M. Laforest Michallon vous donnera des cheveux blonds.

Avez-vous besoin de gorges? vous en trouverez

[1] *Lettres d'un Sicilien*, page 57.

[2] Il demeurait rue Sainte-Apolline.

[3] Le médecin Antoine-Pierre Demours, qui fut oculiste de Louis XVIII et de Charles X, et mourut en 1836.

[4] N'est-ce pas Désirabode qu'il faut lire ?

de fraîches, mais factices, au Palais-Royal, ainsi que des mollets pour toutes les jambes.

Enfin, si vous n'avez ni bras ni jambes, Bernard, rue des Moulins, vous en fournira [1].

Je rappellerai à ce propos que la fabrication des instruments de chirurgie était le monopole de la corporation des couteliers. Leurs statuts, confirmés en 1608 [2], et qui les régirent jusqu'à la fin du dix-huitième siècle, leur accorde le droit exclusif de confectionner les lames d'épées, dagues, pertuisanes, hallebardes « et autres bâtons servant à la défense de l'homme, » les ciseaux, les instruments de chirurgie, les couteaux, les canifs, etc [3]. En 1692, les sieurs Surmon, *au Tiers-point couronné* [4], et Tougaret, *au Verre couronné* [5], faisaient des lancettes estimées; mais le meilleur fabricant d'instruments de chirurgie était *le maître de la Coupe,* André Gérard, qui

[1] *Miroir de Paris,* édit. de 1807, t. VI, p. 146. Voy. aussi t. V, p. 239.

[2] Voy. *Statuts et ordonnances pour les maistres Fèvres-Couteliers, Graveurs et Doreurs sur fer et sur acier trempé et non trempé.* Paris, 1660 et 1748, in-4°. Les couteliers étaient autorisés à dorer et à graver tous les objets fabriqués par eux.

[3] Articles 11, 12, 20, 22, 23.

[4] Il demeurait rue Saint-Julien le Pauvre.

[5] Il demeurait à la porte Saint-Germain.

demeurait rue Troussevache. *Le maître du Trèfle,* Guillaume Vigneron, rue de la Coutellerie, avait joui pendant longtemps d'une grande réputation. Pour les instruments en argent, il fallait s'adresser aux orfèvres; le grand-père du tragédien Lekain [1] se distingua dans cette spécialité [2]. Au dix-huitième siècle, un sieur Bernard, qui se qualifiait d' « orfèvre-mécanicien, » perfectionna les sondes flexibles et les « conques pour la surdité [3]. »

Le moulage en cire avait été fort à la mode au dix-septième siècle. Un sieur Benoît s'était alors distingué par des portraits d'une ressemblance frappante, dont un curieux spécimen est celui de Louis XIV, retrouvé à Versailles et placé aujourd'hui dans la chambre à coucher du roi. On ne songea que plus tard à utiliser cet art spécial pour l'étude de l'anatomie. Vers la fin du dix-huitième siècle, une demoiselle Biheron, fille d'un apothicaire de Paris, parvint, après quarante-sept années de travail assidu, à composer entièrement en cire

[1] Son vrai nom était Caïn.

[2] Voy. *Le livre commode pour* 1692, t. II, p. 48.

[3] « Elles sont, disait-il, faites d'une matière aussi légère spécifiquement que le papier, et construites de manière à tenir d'elles-mêmes, et sans la moindre apparence extérieure. » *Affiches, annonces,* etc., n° du 30 septembre 1778.

un corps de femme, dont toutes les parties pouvaient être déplacées et examinées à part. Elle y ajouta quelques pièces de même nature, et forma ainsi, dans la rue de la Vieille-Estrapade, un musée qui était ouvert tous les mercredis. Mais Mlle Biheron ne fut pas soutenue par le corps médical, et elle finit par traiter avec l'ambassadeur de Russie, qui lui acheta sa collection pour l'impératrice Catherine II.

Cette tentative fut renouvelée dans la suite avec plus de succès. Vers 1780, le chirurgien Jean-Joseph Sue imagina de représenter sur de grands cartons les différentes parties du corps humain. Il posséda bientôt une collection de 195 pièces, qui fut portée au nombre de 364 par son fils [1], chirurgien comme lui. Ce petit musée, ouvert au public, était établi rue des Fossés-Saint-Germain-l'Auxerrois, à l'angle de la rue de l'Arbre-Sec. Je ne le trouve plus mentionné après 1787 [2].

Deux autres cabinets anatomiques, mais ceux-ci composés de figures de cire, existèrent encore à Paris. Le premier était installé rue

[1] Ce dernier fut le père du romancier Eugène Sue.

[2] Voy. Thiéry, *Almanach du voyageur à Paris pour* 1787, p. 129.

de la Harpe[1], le second rue Hautefeuille. Un voyageur allemand, qui visita Paris en 1799, nous fait ainsi connaître la spécialité de ce dernier :

Afin de n'être pas trop tourmenté par le diable de la volupté et de la séduction dans Paris, je conseille à tous les jeunes étrangers inexpérimentés, de se faire passer leur envie dans le cabinet anatomique et d'histoire naturelle du digne professeur Bertrand (rue Hautefeuille, n° 31, section du théâtre français). C'est là qu'ils pourront voir les fruits du libertinage, les images, les scènes d'horreur de la destruction morale!... On y voit aussi quantité de pièces très rares et authentiques. Tous les objets sont en cire, et si bien imités qu'on croit voir la nature. Ce cabinet est ouvert tous les jours, depuis neuf heures du matin jusqu'à la nuit. Le prix d'entrée est de 1 liv. 10 s.[2].

Les pédicures appartenaient aussi à la grande famille chirurgicale.

L'histoire s'est peu occupé de ces modestes opérateurs, bien que la coquetterie féminine ait dû de tout temps rendre nécessaire leur intervention. Un moraliste du quinzième siècle, le frère mineur Pierre des Gros, écrivit un gros livre qui avait pour objet de condam-

[1] Voy. P. de Lamésangère, *Le voyageur à Paris* (1797), t. 1, p. 99.

[2] Heinzmann, *Mes matinées à Paris* (1800), p. 367.

ner ce joli défaut et d'en guérir à jamais les femmes. Si elles n'y ont pas encore absolument renoncé, cela tient sans doute à ce que l'ouvrage de Pierre des Gros est resté manuscrit. Il a pourtant été conservé, et l'extrait suivant suffira pour montrer quel art et quelle délicatesse le bon religieux apportait dans ses remontrances : « Les femmes, écrivait-il, font faire des souliers si estroits qu'à peine peuvent-elles les endurer, et ont souvent les pieds contrefaits, malades et pleins de cors [1]. »

Par bonheur, le remède était déjà connu. Dès le quatorzième siècle, Gui de Chauliac avait étudié, dans sa *Grande chirurgie*, les moyens de détruire *la corne qui est aux pieds*. « Rase la, dit-il, tant qu'il sera possible, puis qu'on mette dessus une platine de fer ou de cuir, à laquelle y ait un trou selon la grandeur de la corne; et lors, en ce trou soit mise une goutte de soufre ardant, et qu'on le laisse esteindre sur le lieu [2]. » Ambroise Paré conseillait d'appliquer sur le cor des aulx pilés, et aussi de les cautériser « avec eau forte ou huile de vitriol [3]. » Les plus savants apothi-

[1] Voy. P. Paris, *Les manuscrits françois de la Bibliothèque du roi*, t. II, p. 156.

[2] Édit. Nicaise, p. 433.

[3] *OEuvres*, p. 616

caires estimaient que « le fruit de l'anacardier renferme une huile noire et caustique qui est un bon remède pour guérir les cors des pieds et pour ôter les taches de rousseur du visage [1]. »

Mais, depuis longtemps déjà, de misérables charlatans s'étaient chargés de soigner cette affection, et Turlupin, parlant des métiers ambulants exercés dans Paris, classait les « tireurs de cors » avec les vendeurs de thériaque et les joueurs de gobelets [2]. Naturellement, les chirurgiens professaient un grand mépris pour ces indignes concurrents. Dionis écrivait vers 1707 : « J'ai veu autrefois un homme à Paris, qui se promenant toute la journée dans les ruës, disoit sans cesse : « Je tire les cors des pieds sans mal ni douleur. » Je ne sçais s'il exécutoit sa promesse; mais s'il le faisoit, on le payoit fort mal, car il étoit très mal vêtu et paroissoit fort gueux. S'il avoit eu le talent ou l'adresse d'ôter les cors sans douleur, comme il le disoit, il auroit dû aller en carosse [3]. » Sydenham avait dit déjà :

[1] P. Pomet, *Histoire générale des drogues*, édit de 1694, liv. VII, p. 209.

[2] *Harangue de Turlupin le souffreteux* (1615). Dans Éd. Fournier, *Variétés historiques*, t. VI, p. 71.

[3] *Opérations de chirurgie*, p. 658.

« Si quelqu'un employoit toute sa vie à découvrir un spécifique contre les cors, il mériteroit bien de la postérité, et auroit suffisamment servi le genre humain. » Mais je ne garantis pas du tout l'exactitude de cette citation, que j'emprunte à l'ouvrage suivant : *Toilette des pieds, ou traité de la guérison des cors, verrues et autres maladies de la peau, par le Sr Rousselot, chirurgien de Mgr le Dauphin, des princes et de Mesdames, en cette partie, ancien chirurgien de M. le prince de Wirtemberg.* Ce livre, qui est dédié à Madame Adélaïde, fille aînée de Louis XV, parut en 1762 et eut une seconde édition en 1769.

Un sieur Maille, « vinaigrier-distillateur ordinaire du Roi, » fit beaucoup parler de lui à la fin du dix-huitième siècle. Il avait inventé une foule de moutardes et de vinaigres doués, à l'entendre, des plus admirables propriétés. La moutarde était surtout destinée aux engelures. Quant aux vinaigres, on en opposait aux maux de dents, aux rides du visage, aux dartres, aux cors, etc., etc. La gloire de ces précieuses inventions ne suffisait pas au sieur Maille, il ambitionnait encore le titre de philanthrope, et chaque dimanche il distribuait aux pauvres quelques doses de sa moutarde contre les engelures. Cet homme rare prétendait même étendre sa main bienfaisante sur la France tout entière, car on lisait dans une des réclames prodiguées par lui :

MM. les curés de campagne qui voudront procurer à leurs paroissiens ce petit secours, pourront charger à Paris quelqu'un d'en venir prendre pour la leur faire tenir. Et pour qu'on puisse leur en donner une provision suffisante, ils marqueront le nombre de personnes qui sont dans le cas d'en avoir besoin. On y joindra une instruction sur la manière d'en faire usage. La distribution commence à huit heures du matin jusqu'à midi, et il faut chaque fois apporter un petit pot pour contenir la moutarde[1].

Dans le même temps, la *Gazette de Hollande*[2] préconisait « les emplâtres écossoises du sieur Kennedy, chymiste, qui guérissent sans retour les cors aux pieds, à 30 sols la boîte. »

Louis XVI eut un pédicure en titre. Cet estimable opérateur se nommait La Forest et demeurait dans la maison d'un dentiste, comme le prouve le titre d'un livre dont il est l'auteur : *L'art de soigner les pieds. Conte-*

[1] *Affiches, annonces*, etc., n^os du 16 février 1774, du 2 décembre 1778, et passim.
[2] N° du 10 mars 1778, p. 4.

nant un traité sur les cors, verrues, durillons, oignons, engelures, les accidens des ongles et leur difformité. Nouvelle édition, augmentée de la manière de soigner les pieds des soldats. Par M. La Forest, chirurgien pédicure de Sa Majesté et de la famille royale. Paris, chez l'auteur, rue Croix-des-Petits-Champs, maison de M. Bourdet, chirurgien dentiste du Roi. Il existait, paraît-il, entre ces deux professions, plus d'analogie qu'on ne serait tenté de le croire au premier abord, car un peu plus tard, je trouve établi au Palais-Royal un sieur Roblot, qui se disait dentiste et pédicure[1].

[1] « Au Palais-Royal, M. Roblot, dentiste et pédicure, coupe les cors avec beaucoup de dextérité. » Prudhomme, t. VI, p. 236.

LES ÉTABLISSEMENTS HOSPITALIERS

DE PARIS

A LA FIN DU DIX-HUITIÈME SIÈCLE

Le chirurgien Tenon calculait, en 1786, que les hôpitaux et hospices de Paris secouraient chaque jour 35,341 personnes, savoir : 6,236 malades, 14,105 valides et 15,000 enfants trouvés [1]. Il ne nous dit pas que la maladie et la misère pouvaient encore compter sur bien d'autres appuis. J'aurais voulu tracer ici un tableau complet de l'assistance publique et de la charité privée à la fin du dix-huitième siècle. Mais bien que la matière fût assez intéressante pour me constituer une excuse et rendre facile mon pardon, on m'eût accusé avec raison d'être ici hors de mon sujet.

Si je n'eusse craint ce reproche, j'aurais pris plaisir à raconter l'origine de nos éta-

[1] *Mémoires sur les hôpitaux,* préface, p. XIV.

blissements hospitaliers, à rappeler le but poursuivi par leurs premiers bienfaiteurs. J'eusse montré suivant quelles règles étaient administrés ces asiles ouverts à la souffrance, énuméré les pieuses fondations qui leur avaient peu à peu permis de s'agrandir, les avaient rendus plus riches et plus utiles.

Il m'eût fallu décrire d'abord l'organisation du *Grand bureau des pauvres,* où se centralisaient les dons faits en faveur de l'indigence. L'État lui avait concédé le droit de lever annuellement une *taxe des pauvres*. Princes, seigneurs, financiers, magistrats, ecclésiastiques, bourgeois, artisans étaient soumis à cet impôt; personne, sauf les mendiants, ne pouvait s'y soustraire, pas même les communautés religieuses fondées pour le soulagement des malheureux. Le *Bureau des pauvres* avait pour chef le procureur général du Parlement[1]. C'est par lui que les récalcitrants ou les retardataires étaient contraints de s'acquitter; c'est lui qui désignait les *commis-*

[1] Secondé dans chaque paroisse par le curé et par les membres des bureaux de charité, il était, en outre, assisté d'un conseil ordinairement composé comme suit : 6 conseillers au Parlement, 6 avocats, 1 conseiller à la Cour des comptes, 2 chanoines, 3 curés, 4 procureurs, 16 bourgeois désignés par les marguilliers de leur paroisse.

saires des pauvres, chargés d'assurer le recouvrement de la taxe, fonctions pénibles qu'il était interdit de décliner.

La charité privée s'exerçait déjà avec autant d'intelligence que d'activité. J'ai parlé ailleurs des écoles gratuites établies dans chaque paroisse [1], mais il existait encore une foule d'associations destinées à secourir, sous mille formes, toutes les infortunes.

La paroisse Saint-Eustache, par exemple, était divisée en vingt sections de charité, et une dame déléguée pour chacune d'elles avait accepté la tâche d'y visiter les malheureux, de constater leurs besoins, de leur venir en aide, soit par des aumônes en argent, soit par le don de linge ou de vêtements. Ceux-ci provenaient de deux magasins, qu'entretenaient toujours remplis les offrandes et même le travail de dames riches.

Une autre association s'imposait le devoir de rechercher les *pauvres honteux*. L'on désignait ainsi les artisans à qui manquait un outillage suffisant, les marchands qui luttaient avec courage pour payer leurs dettes et relever leur crédit compromis par la faute d'au-

[1] Voy. *Ecoles et collèges.*

trui, les familles aisées, tombées dans la misère, et qui reculaient devant la nécessité de tendre la main.

La *Compagnie de Bon-Secours*, toujours sur la même paroisse, soignait les malades à domicile, leur envoyait des médecins, des chirurgiens, des sœurs de la Charité, leur fournissait des médicaments pendant qu'ils souffraient et des aliments lorsque la convalescence commençait.

Chacune des paroisses de Paris possédait des associations à peu près identiques et dont j'eusse aimé à faire revivre le souvenir.

Parmi celles qui ne limitaient pas ainsi leur action, l'une des plus importantes à signaler était la triple association qui s'efforçait d'adoucir le sort des prisonniers. A cette époque encore, ils couchaient sur la paille, vivaient de pain et d'eau. Trente dames, dites *Trésorières des pauvres*, portaient à beaucoup d'entre eux une nourriture plus substantielle, donnaient du linge aux malades. De leur côté, les hommes, également au nombre de trente, prenaient en main les intérêts des détenus pour dettes, intervenaient auprès des créanciers, parvenaient presque toujours à obtenir d'eux des concessions, les désintéressaient quand cela était possible. Une vingtaine d'autres personnes associées répandaient leurs bienfaits sur les trois prisons les plus peuplées, le Grand et le Petit-Châtelet et le For-l'Évêque. Par leurs soins, les six cents pensionnaires de ces abominables geôles recevaient, deux fois la semaine, une soupe chaude avec une portion de viande; tous les dimanches, on remettait à chacun d'eux une chemise propre en échange de la leur, qui était blanchie aux frais de l'État. Car ces sociétés, reconnues et soutenues par lui, avaient pour protecteur le procureur général, et participaient aux largesses de la cassette royale.

Parlerai-je des distributions de pain et de soupes qui avaient lieu le matin aux portes des couvents? Les Chartreux, les Lazaristes et les Célestins passaient pour les plus généreux; ces derniers donnaient ainsi jusqu'à cinq cent cinquante livres de pain par semaine.

Mme de Genlis nous a révélé que « plusieurs dames dans la société faisoient des quêtes pour les pauvres dans les maisons où elles soupoient; entre autres la maréchale de Luxembourg mettoit à contribution toutes les personnes qu'elle rencontroit [1]. »

[1] *Dictionnaire des étiquettes,* t. II, p. 168.

Dans cet ordre d'idées, il ne faudrait pas négliger non plus les quêtes que la reine et la Dauphine faisaient chaque dimanche de carême après leur jeu. Ces jours-là, les pièces blanches étaient refusées, l'on n'acceptait que l'or.

On voit, par cette rapide esquisse, que le sujet ne manque ni d'ampleur, ni d'intérêt; je le réserve donc pour un autre volume. Je vais me borner aujourd'hui à dresser la liste des hôpitaux et des hospices alors ouverts aux malheureux. Je rappelle en passant que, jusqu'à la fin du dix-huitième siècle, ces deux mots, issus de la même racine, avaient le même sens, étaient pris indifféremment l'un pour l'autre.

I

HOPITAUX

L'Hôtel-Dieu. — Saint-Louis. — La Santé. — Les Gardes françaises. — La Charité. — Hôpital de Vaugirard. — Hôpital de la paroisse de Saint-Sulpice. — Hôpital de Charenton. — Hospitalières de Saint-Julien et Sainte-Basilisse. — Maison royale de Santé. — Hôpital de la paroisse Saint-Jacques du Haut-Pas. — Collège de chirurgie. — La Charité Notre-Dame. — Les Teigneux. — Hospitalières de Saint-Joseph. — Hospitalières de Saint-

Mandé. — Hôpital de la paroisse Saint-Merri. — Hôpital des Protestants. — Hôpital de la paroisse Saint-André des Arts. — Hospitalières de Saint-Thomas de Villeneuve. — Les Miramionnes. — Filles de la Sainte-Famille. — Bénédictines du Saint-Sacrement.

HÔTEL-DIEU.

J'ai dit que l'Hôtel-Dieu renfermait en moyenne 2,500 malades[1]. Ils étaient partagés en 25 salles, dont voici le nom et la destination :

SALLES DES HOMMES :

Salle Saint-Denis, destinée aux fiévreux.

Salle Saint-Côme, destinée aux militaires fiévreux.

Salle du Rosaire, destinée aux fiévreux.

Salle Saint-Charles, destinée aux fiévreux.

Salle Saint-Antoine, destinée aux fiévreux.

Salle Saint-Roch, destinée aux enfants de 3 à 14 ans.

Salle Saint-Paul, destinée aux maladies chirurgicales.

Salle Saint-Louis, destinée aux fous.

Salle Saint-Jérome, destinée aux maladies chirurgicales.

Salle Saint-Yves, destinée aux prêtres malades.

Salle des Taillés, destinée aux calculeux.

Salle Saint-François, destinée aux variolés.

SALLES DES FEMMES :

Salle Sainte-Marthe, destinée aux fiévreuses.

Salle Saint-Nicolas, destinée aux maladies chirurgicales.

[1] Voy. ci-dessus, p. 35.

Salle Sainte-Martine, destinée aux fiévreuses.

Salle Sainte-Geneviève, destinée aux folles.

Salle Sainte-Thérèse, destinée aux enfants des deux sexes jusqu'à 3 ans.

Salle Saint-Joseph, destinée aux femmes enceintes.

Salle des Accouchées, destinée aux accouchées.

Salle des Nourrices, destinée aux nourrices.

Salle Sainte-Marguerite, destinée aux femmes enceintes.

Salle Saint-Landry, destinée aux fiévreuses.

Salle Petit Saint-Landry, destinée aux fiévreuses.

Salle Sainte-Monique, destinée aux fiévreuses et aux variolées.

Salle des Convalescentes, destinée aux convalescentes.

Le service chirurgical se composait de 131 personnes, savoir :

1 chirurgien-major.

12 chirurgiens.

2 chirurgiens gagnant-maîtrise.

1 oculiste.

1 herniaire.

90 élèves en chirurgie. Ils visitaient les malades quatre fois par jour, faisaient des pansements, des saignées, etc., etc.

Pour le spirituel, l'Hôtel-Dieu dépendait du Chapitre de Notre-Dame. Pour le temporel, il était régi par 7 chefs et 12 administrateurs. Les chefs étaient :

L'archevêque de Paris.

Le premier président du Parlement.

— — de la chambre des Comptes.

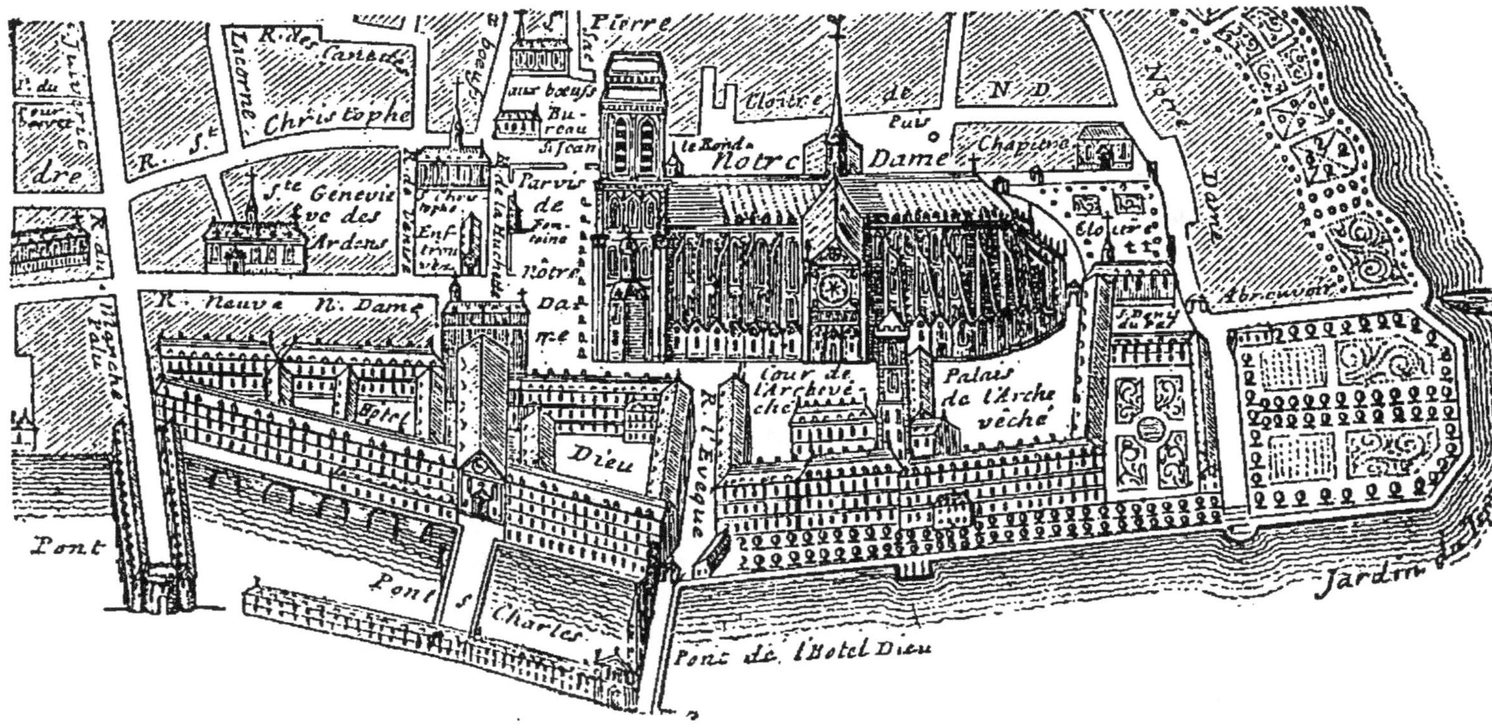

D'après le plan de Lacaille, dressé en 1714.

Le premier président de la cour des Aides.
Le procureur général.
Le lieutenant général de police.
Le prévôt des marchands.

Parmi les administrateurs figuraient toujours un jurisconsulte célèbre et un fermier général.

Saint-Louis, *rue des Récollets.*

Cet hôpital avait été construit lors de la peste de 1607, et on le réservait pour les épidémies; en temps ordinaire, il était à peu près sans emploi. Annexe de l'Hôtel-Dieu, les religieuses de cet hôpital allaient parfois s'y reposer et y respirer un air moins empesté.

Destiné à 800 malades, l'hôpital Saint-Louis était divisé en huit salles, contenant 254 grands lits, 45 petits lits et 7 barcelonnettes. La plus vaste salle, pouvant recevoir 200 malades, mesurait 17 mètres de longueur sur 7m60 de largeur et 7m60 de hauteur : la moyenne d'air accordée à chaque malade était donc d'environ 33 mètres cubes.

La Santé ou Sainte-Anne, *faubourg Saint-Marcel.*

Cette maison avait la même origine et la même destination que l'hôpital Saint-Louis. Elle pouvait recevoir environ 600 malades, et n'était pas occupée en 1786.

Hôpital des Gardes-Françaises, *rue Saint-Dominique.*

Fondé par le duc de Biron, colonel des Gardes françaises, cet hôpital était un des mieux organisés de Paris. Fiévreux, scorbutiques, galeux, variolés, dysentériques, vénériens, blessés étaient isolés les uns des autres, et on agissait de même pour leurs vêtements dans la lingerie.

Le service de santé comprenait deux chirurgiens en chef, un aide-major et six élèves. Il y avait un infirmier pour six malades.

264 lits, sans comprendre ceux du personnel. Pas de rideaux aux lits. Deux salles de bain.

La Charité, *rue des Saints-Pères.*

Cet hôpital appartenait à un ordre religieux qui avait eu saint Jean de Dieu pour fondateur. Les frères se donnaient pour mission « de retirer, nourrir, traiter, panser et médicamenter les pauvres. »

Ils furent appelés à Paris par Marie de Médicis, qui installa, en 1602, un supérieur, un chirurgien, un apothicaire et un infirmier dans une maison de la rue Bonaparte actuelle, alors nommée rue de la Petite-Seine. Quatre ans après, Marguerite de Valois ayant eu besoin de cet emplacement, elle le leur acheta, et ils allèrent s'établir près de là, aux environs d'une petite chapelle dédiée à saint Pierre. Celle-ci avait donné son nom à la rue où elle était située, et on l'appelait déjà, par corruption [1], rue des Saints-Pères. Le plan dressé par Mérian vers 1615 indique à la fois la situation de la chapelle et du second domicile des frères de la Charité. Ceux-

[1] « La chapelle de Saint-Pierre étoit appelée Saint-Père, comme on fait encore à Chartres, à Auxerre et en beaucoup d'autres lieux ; elle a donné son nom à la rue que l'on nomme aujourd'hui, par corruption, rue des Saint-Pères. » Lebeuf, *Histoire du diocèse de Paris* (1754), t. 1, p. 445.

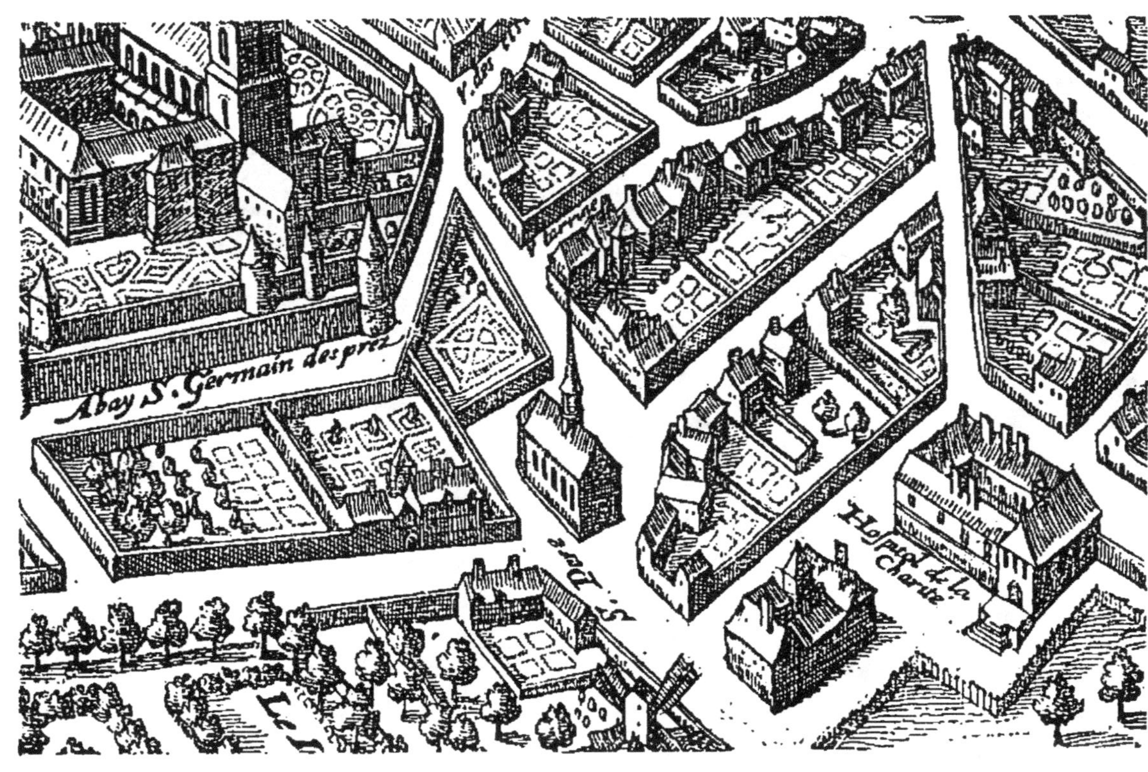

D'après le plan de Mathieu Mérian, dressé vers 1615.

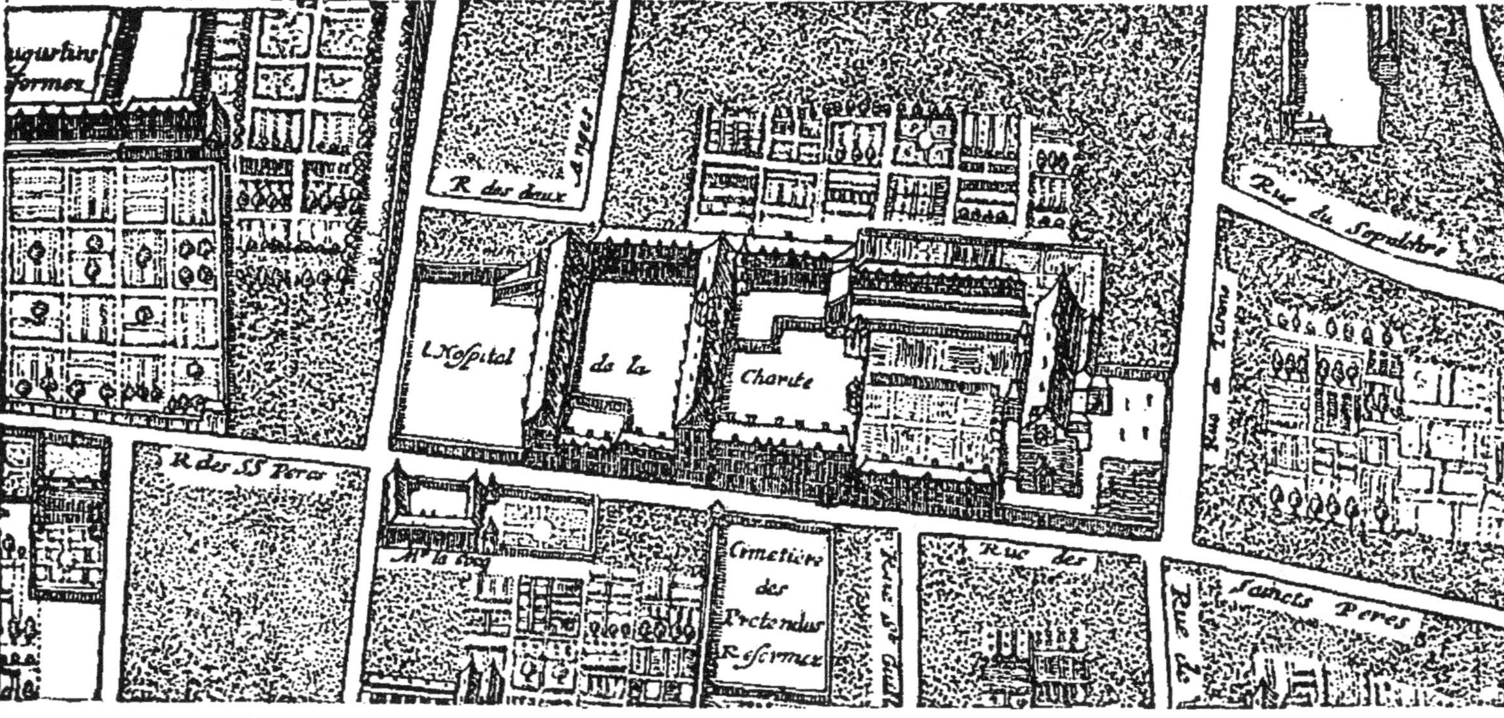

D'après le plan de J. Gomboust, dressé vers 1647.

ci acquirent, en 1638, de vastes bâtiments élevés à l'est de la chapelle et ils y créèrent l'hôpital actuel.

J'ai parlé plus haut[1] de cette maison, qui en 1786 possédait 208 lits divisés en 6 salles, savoir :

Salle Saint-Louis. — Fiévreux ordinaires. 89 lits.

Salle Saint-Michel. — Fiévreux et convalescents. 17 lits.

Salle Saint-Augustin. — Convalescents. 29 lits.

Salle de la Vierge. — Maladies chirurgicales. 34 lits.

Salle Saint-Raphaël. — Maladies chirurgicales. 15 lits.

Salle Saint-Jean. — Fièvres putrides. 24 lits.

Ces salles, vastes et bien aérées, eussent pu recevoir jusqu'à 290 lits.

HÔPITAL DE VAUGIRARD.

A l'origine, l'on y admettait seulement les femmes enceintes, les nourrices et les enfants vénériens. Vers 1787, on le transféra de la rue de Vaugirard dans la rue du Faubourg Saint-Jacques, où on lui attribua les bâtiments d'un couvent qui avait appartenu à des Capucins. On y accueillit dès lors tous les vénériens des deux sexes. Il renfermait 128 lits.

Désigné parfois sous le nom d'hôpital des Capucins, il est devenu hôpital du Midi, et depuis 1836 l'on n'y reçoit plus que des vénériens.

HÔPITAL DE LA PAROISSE SAINT-SULPICE, *rue de Sèvres.*

[1] Voy. p. 51.

Fondé en 1779, par Mme Necker, femme du célèbre ministre, il était divisé en 8 salles contenant 128 lits, dont 68 pour hommes et 60 pour femmes. La mortalité y était de 1 sur 7 pour les hommes et de 1 sur 5 pour les femmes, proportion énorme due au peu de place accordée à chaque malade. La moyenne d'air dont chacun pouvait disposer ne dépassait guère 27 mètres, elle était seulement de 20m35 dans la salle des convalescentes.

La maison recevait chaque année environ 2,000 malades. Les lits, larges de 1m30, étaient composés d'une paillasse et de deux matelas, et toujours occupés par une seule personne.

Personnel logé : 1 médecin, 1 chirurgien, 1 élève chirurgien, 1 chapelain, 1 sacristain, 3 infirmiers, 2 infirmières, 1 jardinier, 1 portier, 12 sœurs de la Charité.

Cet hôpital porte aujourd'hui le nom de sa fondatrice.

HÔPITAL DE CHARENTON.

Il possédait seulement 12 lits gratuits. Les fous et les épileptiques, au nombre de 82, payaient une pension qui variait entre 600 et 6,000 livres.

HÔPITAL DE SAINT-JULIEN ET SAINTE-BASILISSE, OU HOSPITALIÈRES DE LA MISÉRICORDE DE JÉSUS, *rue Mouffetard.*

Maison créée en 1653. On y trouvait 43 lits destinés à des femmes, mais 37 seulement étaient fondés. On recevait dans les autres des malades pouvant payer 30 francs par mois.

Chaque fondation de lit était fixée à 10,500 livres.

Les lits étaient installés dans cinq salles voûtées et spacieuses. Dans l'une d'elles, chaque malade disposait d'environ 57m35 cubes d'air. Mais la maison était entourée de potiers, et la fumée de leurs fourneaux rendait ce voisinage insalubre.

Personnel logé : 15 religieuses, 7 sœurs, 15 domestiques, soit 37 personnes pour 43 malades.

MAISON ROYALE DE SANTÉ, *route d'Orléans.*

Cet hôpital, fondé en 1781, était destiné à des officiers et à des ecclésiastiques; il devait recevoir 20 lits pour les premiers et 22 pour les seconds. En 1789, une salle seulement était terminée, celle des officiers. Elle avait environ 27 mètres de longueur sur 7m80 de largeur et 5m50 de hauteur, chaque malade disposait donc de 57 mètres cubes d'air.

Personnel logé : 1 aumônier, 4 frères de a Charité, 1 infirmier, 10 domestiques.

HÔPITAL DE LA PAROISSE SAINT-JACQUES DU HAUT-PAS, *rue du faubourg Saint-Jacques.*

Établissement créé, vers 1780, par les soins de Jean-Denis Cochin, curé de la paroisse. On y comptait 34 lits, 16 pour hommes et 18 pour femmes. Le dortoir destiné aux femmes mesurait environ 21 mètres de longueur sur 6m75 de largeur et 5 mètres de hauteur; le volume d'air attribué à chaque malade ne dépassait donc pas 37 mètres.

Devenue dans la suite hôpital Saint-Jacques, cette maison porte aujourd'hui le nom de son fondateur.

COLLÈGE DE CHIRURGIE, *rue des Cordeliers.*

Sorte de clinique chirurgicale établie pour 22 malades, 12 hommes et 10 femmes.

Louis XV fonda les six premiers lits en 1774. Au mois de juin 1783, Louis XVI en ajouta 6, et la même année, La Martinière, premier chirurgien du roi, fit les fonds des 10 autres.

« On ne reçoit dans cet hôpital que les maladies chirurgicales les plus graves; parmi celles-ci, de préférence, celles ou qui ne sont pas connues ou qui sont les moins connues, et pour lesquelles on n'a pas encore de traitements ouverts. Tous les professeurs et les autres personnes habiles de la compagnie s'assemblent dans les cas les plus graves : le plus exercé d'entre eux, dans chaque genre de traitement difficile, est en général celui à qui il est confié. Ce qui n'empêche pas qu'il y ait un chirurgien en chef à tour de rôle, pris parmi les professeurs, lequel est tenu de rédiger les observations de son semestre, et de les porter sur un registre commun appartenant à la compagnie. Car le but de cet établissement étant de profiter des lumières du corps entier pour étendre les progrès de l'art à l'avantage de l'humanité, il importoit de rassembler les procès-verbaux de ces séances de pratique. Ces mêmes procès-verbaux renferment les observations détaillées jour par jour de l'état du malade et des moyens employés, soit pour le soulager, soit pour le guérir. Ainsi, les succès, les non-succès, les résistances des maux, les vues heureuses ou fausses, les fautes commises, les découvertes dans les signes des maladies, dans les moyens curatifs, tout doit y être porté.

C'est encore là qu'il s'agit de vérifier les méthodes établies, pour continuer, ou de les adopter, ou de les réformer, ou de les perfectionner, selon que l'expérience en démontre la nécessité. Et comme les hôpitaux sont, dans les mains des chirurgiens, des moyens de guérison; comme les élèves en chirurgie qu'on y admet sont des jeunes gens à avancer pour l'utilité publique, il suit que l'hôpital du collège de chirurgie, en embrassant chacun de ces objets, offre des recherches, des moyens d'instruction de la plus grande importance. »

« Quand un homme de la lie du peuple est frappé d'une maladie chirurgicale, grave ou extraordinaire, il devient l'objet des soins les plus attentifs. Plus la nature s'est montrée impitoyable à son égard, plus la chirurgie s'empresse à lui offrir des secours, et il en trouve de plus constans et de plus délicats que n'en pourroit obtenir un millionnaire avec tout son or.

C'est un spectacle remarquable que de voir tous les hommes de l'art rassemblés autour d'un misérable qui a une fracture particulière. Il est heureux dans son malheur; il guérit, parce que l'accident a manifesté un cas privilégié. S'il n'avoit eu qu'une fluxion de poitrine, on l'eût jeté à l'Hôtel-Dieu. »

Les lits étaient en fer, et chaque malade avait plus de 59 mètres cubes d'air à respirer. Les 12 hommes étaient réunis dans deux salles au rez-de-chaussée, les 10 femmes dans deux salles au premier étage. Dimensions de chaque salle d'hommes contenant 6 lits : longueur 1m70, largeur 5m85, hauteur 5m35.

Personnel logé : 1 aumônier, 1 inspecteur, 1 infirmier, 2 infirmières, 1 cuisinière, 1 lingère, 1 élève en chirurgie.

Certains jours de la semaine, on pansait gratuitement dans cet hôpital tous les pauvres qui se présentaient.

HÔPITAL DE LA CHARITÉ NOTRE-DAME, *cul-de-sac des Minimes, près de la place Royale.*

Maison fondée vers 1630 et desservie par des religieuses Augustines dites hospitalières de Notre-Dame. On y trouvait 22 lits destinés à des femmes malades.

LES TEIGNEUX, *rue de la Chaise.*

Établissement créé vers 1650 et appelé aussi hôpital Sainte-Reine. Il possédait 21 lits, 11 pour les garçons et 10 pour les filles. Ces lits, longs de 1m65, larges de 0m80, étaient en fer et sans rideaux.

On recevait les enfants dès l'âge de deux ans, mais le plus grand nombre de ceux qui se présentaient avaient entre neuf et dix ans. On voyait rès rarement des malades ayant atteint la trentaine.

Le traitement durait de quatre mois à deux ans, six ou huit mois en moyenne. Il était dirigé par un sieur de La Martinière, qui n'était ni chirurgien, ni médecin ; ce spécialiste avait succédé à d'autres membres de sa famille qui, depuis plus de cent ans, soignaient les teigneux dans cette maison.

Sainte Reine était invoquée contre la teigne [1].

[1] Voy. *Les médecins.*

Hospitalières de Saint-Joseph, *rue de la Roquette.*

Établissement fondé en 1639 par les hospitalières de la Charité Notre-Dame, mais les deux maisons devinrent distinctes en 1691. Leur chapelle était placée sous l'invocation de saint Joseph.

Cet hôpital avait 20 lits destinés à des femmes. Ils étaient réunis dans une seule salle, qui mesurait 29 mètres de longueur sur 9 mètres de largeur et 3m60 de hauteur : chaque malade disposait donc d'environ 44m45 d'air. La plupart d'entre elles devaient payer trente livres par mois, mais quelques lits, provenant de fondations pieuses, étaient gratuits.

Hospitalières de Saint-Mandé.

Établies d'abord à Gentilly, elles se transportèrent en 1705 près du bois de Vincennes. Elles possédaient 16 lits seulement, qui avaient 1m75 de long sur 1m65 de haut : c'étaient les plus courts et les plus élevés qui existassent dans les hôpitaux de Paris.

Destinés à des femmes, ces 16 lits occupaient une seule pièce dont voici les dimensions : longueur 41 mètres, largeur 7m80, hauteur 4m05, volume d'air pour chaque malade, près de 78 mètres.

Trente-quatre religieuses desservaient cette maison, à laquelle attenait un parc de soixante arpents.

Hôpital de la paroisse Saint-Merri, *au cloître Saint-Merri.*

Fondé en 1683 par Viennet, curé de Saint-Merri, il était composé de trois salles contenant 14 lits, 8 pour hommes et 6 pour femmes.

Huit sœurs de la Charité prenaient soin des malades.

Hôpital des Protestants.

Établi d'abord rue du Four-Saint-Germain, il fut ensuite transporté rue de Sèvres. Il avait été fondé par des ouvriers selliers allemands, et était sous la protection de l'ambassadeur de Suède. Entretenu par des souscriptions particulières, on y facilitait aux étrangers incurables le retour dans leur pays.

Les vénériens et les galeux n'y étaient point admis.

Huit lits.

Hôpital de la paroisse Saint-André des Arts, *rue des Poitevins.*

Créé en 1779 par Desbois de Rochefort, curé de la paroisse, il possédait 8 lits seulement, 4 pour hommes et 4 pour femmes.

De plus, on recevait dans cette maison 25 jeunes filles indigentes, à qui l'on apprenait à filer, que l'on nourrissait, et qui rentraient le soir dans leur famille.

Cinq sœurs de la Charité desservaient ce petit établissement.

Hospitalières de Saint-Thomas de Villeneuve, *rue de Sèvres.*

C'était un couvent de filles, et il datait de 1700. Je le mentionne ici parce que les religieuses pansaient chaque matin à dix heures tous les malades des deux sexes qui se présentaient au couvent, et les gardaient ce jour-là à dîner. En outre, trois jours par semaine on y saignait les pauvres, et après l'opération chacun d'eux recevait une tasse de bouillon.

Miramionnes ou Filles de Sainte-Geneviève, *quai de la Tournelle.*

Ces religieuses se consacraient à l'instruction des jeunes filles indigentes, mais en même temps elles donnaient leurs soins aux blessés des deux sexes. Elles pratiquaient les saignées, préparaient des onguents et autres médicaments qu'elles distribuaient gratuitement.

Filles de la Sainte-Famille du Sacré-Coeur de Jésus, *à La Villette.*

Une demoiselle Berthelot leur avait légué le « secret d'un remède pour la guérison des abcès, coupures, foulures, clous, panaris, etc. » La communauté en fournissait parfois aux indigents, mais comme elle était elle-même très pauvre, elle en faisait aussi le commerce. Le prix des pots variait entre 24 sous et 6 livres.

Ce médicament était aussi déposé chez les Bénédictines de l'Adoration perpétuelle du Saint-Sacrement établies rue Saint-Louis, au Marais.

II

HOSPICES

La Salpêtrière. — Bicêtre. — Les Invalides. — La Pitié.— L'hôpital général. — Les Petites-Maisons. — Les Incurables. — Les Enfants-Trouvés. — Les Quinze-Vingts. — Les Orphelins militaires. — La Trinité. — Les Filles

Sainte-Agnès. — Le Saint-Esprit. — Asiles de nuit. — Hospitalières de Saint-Gervais. — Les Cent-Filles. — Maison de Scipion. — Hospice Sainte-Catherine. — Filles de la Providence. — Le Saint-Nom de Jésus. — Les ouvrières de Saint-Paul. — L'Enfant-Jésus. — Filature de la paroisse Saint-Sulpice. — Orphelinat de la Mère de Dieu. — Orphelinat Beaujon. — Les Prêtres de Saint-François de Sales. — Les Convalescents. — Orphelinat du Saint-Enfant Jésus et de la Mère de pureté. — Maisons de veuves.

La Salpêtrière.

En 1786, cet établissement renfermait 6,720 pauvres : filles et femmes enceintes, nourrices avec leurs nourrissons, enfants de tout âge, vieillards des deux sexes, fous furieux, idiots, épileptiques, teigneux, estropiés, aveugles, etc., etc. L'infirmerie possédait en moyenne 450 malades.

Bicêtre.

Hospice pour vieillards, et hôpital qui recevait des fous, des épileptiques, des aveugles, des paralytiques, des scrofuleux, des vénériens, etc.

En 1786, il abritait 3,124 pensionnaires, dont 788 malades.

La Pitié.

Hospice destiné à des enfants mâles. On les acceptait dès l'âge de six ans, et on les gardait jusqu'à quinze et même jusqu'à dix-huit ans. Ils étaient alors mis en apprentissage.

La maison renfermait environ 1,300 personnes. L'infirmerie comptait 300 lits.

La Pitié était le chef-lieu de l'Hôpital général. Créé en 1656, il se composait en 1786 de huit établissements, qui hébergeaient environ 12,000 pauvres. C'étaient :

La Pitié, où étaient recueillis 1,300 pauvres.

La Salpêtrière, où étaient recueillis 6,720 pauvres.

Bicêtre, où étaient recueillis 3,124 pauvres.

Les Enfants trouvés du parvis Notre-Dame, où étaient recueillis 160 pauvres.

Les Enfants trouvés du faubourg Saint-Antoine, où étaient recueillis 396 pauvres.

Le Saint-Esprit, où étaient recueillis 100 pauvres.

L'hôpital de Vaugirard, où étaient recueillis 128 pauvres.

La maison de Scipion, où étaient recueillis 72 pauvres.

Un garçon chirurgien et un garçon apothicaire y gagnaient maîtrise.

LES INVALIDES.

Trois mille militaires trouvaient asile dans cette maison. Elle possédait en général de quatre à cinq cents malades, soignés dans 14 infirmeries. Les salles étaient vastes et assez saines. Le volume d'air accordé à chaque malade variait entre 30 et 48 mètres. Voici quelques chiffres :

Salle Saint-Joseph :

Pour officiers malades, 21 lits, 48m10.

Salle Saint-Côme :

Pour blessés, 74 lits, 39m50.

Salle Saint-Louis :

Pour scorbutiques, 96 lits, 44m45.

Salle des vénériens, 17 lits, 42 mètres.

Salle des officiers convalescents, 24 lits, 39m50.

Salle du Bon-Pasteur, 24 lits, 29m60.

Salle Saint-Michel, 23 lits, 46m25.

Salle Notre-Dame, 13 lits, 48m10.

LES PETITES-MAISONS, *rue de Sèvres.*

A la fois hospice et hôpital, cette maison servai d'asile à 400 vieillards des deux sexes, qui versaient en entrant une somme de 1,500 livres. Elle possédait, en outre, 226 lits pour malades.

Savoir :

150 lits, divisés en 7 infirmeries, et où étaient soignés gratuitement les pauvres de l'établissement.

7 lits, pour des gardes françaises vénériens.

7 lits, pour des gardes suisses vénériens.

18 lits, pour des particuliers vénériens.

44 loges, pour fous furieux des deux sexes.

Pour toute la durée du traitement, les gardes françaises et les gardes suisses devaient payer 30 livres, les particuliers 165 livres. La pension annuelle pour chaque fou était de 300 livres.

Un chirurgien était logé aux Petites-Maisons. Il avait sous ses ordres un élève chirurgien gagnant maîtrise.

LES INCURABLES, *rue de Sèvres.*

15 salles, renfermant 426 lits, 181 pour hommes et 247 pour femmes. Les salles, toutes à peu près semblables, avaient 33 mètres de longueur, sur 7m80 de largeur et 6m60 de hauteur; les malades, au nombre de 30 en moyenne, disposaient donc d'environ 57 mètres cubes d'air.

Le personnel se composait de 74 personnes. Un chirurgien était logé dans la maison.

On changeait chaque mois les draps et les taies d'oreiller.

Tout individu admis aux Incurables avait le droit d'y rester jusqu'à la fin de ses jours. Ceux qui pouvaient marcher sortaient deux fois par semaine.

On n'acceptait ni les vénériens, ni les fous, ni les épileptiques, ni les scrofuleux.

LES ENFANTS TROUVÉS, *rue Neuve-Notre-Dame, dans la Cité.*

On y recevait, à toute heure du jour et de la nuit, tous les nouveau-nés qui y étaient présentés. Les enfants sains étaient mis en nourrice, et c'est la Normandie et la Picardie qui en acceptaient le plus. Les petits vénériens étaient envoyés à l'hôpital de Vaugirard. Les autres malades étaient traités dans la maison, qui possédait environ 160 lits.

Les enfants placés en province y restaient ordinairement jusqu'à l'âge de sept ans. En 1786, leur nombre se montait à 15,000, pour chacun de qui l'hospice payait 40 livres par an.

On ne connaît que depuis 1670 le nombre des enfants trouvés. Il fut :

Entre 1670 et 1740, de 13,134.
— 1741 et 1750, de 33,563.
— 1751 et 1760, de 45,811.
— 1761 et 1770, de 57,995.
— 1771 et 1782, de 76,735.
— 1783 et 1786, de 23,066.

En 126 ans, l'hospice reçut donc 250,074 enfants.

Les années les plus chargées furent :

L'année	1772,	avec	7,676	enfants.
—	1771,	—	7,156	—
—	1770,	—	6,918	—
—	1777,	—	6,705	—
—	1778,	—	6,688	—
—	1779,	—	6,644	—
—	1775,	—	6,505	—
—	1769,	—	6,426	—
—	1776,	—	6,419	-
—	1774,	—	6,333	—

On compta :

5,568	enfants	trouvés	en	1780.
5,608	—	—		1781.
5,444	—	—		1782.
5,715	—	—		1783.
5,609	—	—		1784.
5,918	—	—		1785.
5,824	—	—		1786.

LES ENFANTS TROUVÉS, *faubourg Saint-Antoine.* Annexe de l'hospice existant dans la Cité. Les enfants y étaient envoyés à l'âge de neuf ans. Les uns étaient placés en apprentissage, les autres vieillissaient comme domestiques dans l'établissement. Il s'y trouvait 394 lits, 218 pour garçons, 176 pour filles.

En 1772, on réunit à cette maison les revenus et les pensionnaires de l'orphelinat dit des *Enfants rouges,* situé dans la rue de ce nom et qui datait du seizième siècle.

Vers 1795, l'hospice des Enfants trouvés changea de destination et fut transformé en annexe de l'Hôtel-Dieu. Il est devenu, en 1853, hôpital Sainte-Eugénie.

LES QUINZE-VINGTS.

Cet établissement, transporté rue de Charenton en 1779, avait 300 lits destinés à des aveugles, tant hommes que femmes.

LES ORPHELINS MILITAIRES, *quai des Célestins*.

Établissement créé en 1773. On y élevait gratuitement 200 orphelins, fils d'officiers ou de soldats.

LA TRINITÉ, *rue Saint-Denis*.

Pour être admis dans cette maison, il fallait être né à Paris en légitime mariage, être orphelin de père ou de mère, avoir au moins huit ans et n'avoir pas dépassé douze ans, être déjà secouru par une paroisse.

136 enfants, 100 garçons et 36 filles composaient cette maison. On les élevait, on les instruisait et on leur apprenait un métier. Cent vingt boutiques ou échoppes servaient d'atelier; on y attirait de bons ouvriers, à qui le roi accordait gratuitement la maîtrise après qu'ils avaient passé quelques années à enseigner leur état à un enfant. Celui-ci, de son côté, acquérait la qualité de fils de maître, ce qui facilitait son établissement [1].

Les pensionnaires de la Trinité étaient dits *Enfants bleus*, à cause de la couleur de leur robe et de leur bonnet.

[1] Voy. *Comment on devenait patron*.

Dans le cortège de tous les grands enterrements figuraient alors un certain nombre de pauvres, dont la présence était destinée à donner une haute idée des bonnes œuvres accomplies par le défunt. Faute de pauvres vraiment secourus par lui, on louait ordinairement, pour jouer ce rôle, des orphelins, les enfants bleus ou les enfants rouges le plus souvent. Chaque douzaine d'enfants se payait environ trois livres.

A la Trinité, chaque enfant couchait seul, et les lits étaient en fer.

Les Filles Sainte-Agnès, *rue Plâtrière.*

La maison recevait des jeunes filles pauvres, qui y étaient instruites et nourries, mais n'y logeaient point.

Cent filles, en moyenne, profitaient de cette hospitalité.

Le Saint-Esprit, *place de Grève.*

Hospice destiné à cent orphelins et orphelines. Il fallait, pour pouvoir prétendre à une de ces places, être enfant légitime, être né et avoir été baptisé à Paris ou à Versailles, être orphelin de père et de mère. Les garçons n'étaient pas admis après dix ans, les filles après huit ans. On apprenait aux garçons la lecture, l'écriture, l'arithmétique et le dessin ; aux filles, la lecture, l'écriture et la couture. Tous restaient dans la maison jusqu'à leur entrée en apprentissage.

Les parents ou amis qui présentaient l'enfant devaient verser pour son admission cent cinquante

D'après *Le grand propriétaire de toutes choses*,
édition de 1556, in-folio.

livres, mais on les rendait au petit pensionnaire à sa sortie.

LES HOSPITALIÈRES DE SAINT-GERVAIS ET DE SAINTE-ANASTASIE, *rue du Temple.*

Maison fondée en 1171. On y accordait l'hospitalité, pendant trois nuits consécutives, à tous les hommes qui se présentaient et on leur donnait à souper. La moyenne était de cent par nuit.

Cet asile comprenait 22 lits, savoir : Au rez-de-chaussée, 10 grands lits, sous chacun desquels était un tiroir que l'on dégageait le soir ; au premier, 7 grands lits, et 5 petits destinés à une seule personne. Ces lits se composaient d'une paillasse, un lit de plume, un traversin, deux draps et deux couvertures.

Au souper, chaque pauvre recevait une livre de pain, une écuellée de soupe, une portion de viande ou de légumes.

LES CENT-FILLES OU NOTRE-DAME DE LA MISÉRICORDE, *rue Censier.*

Maison créée en 1623 par Antoine Séguier, qui lui donna seize mille livres de rentes. On y admettait des orphelines, natives de Paris, et elles y étaient gardées depuis l'âge de six ans jusqu'à vingt-cinq.

La maison les mettait en apprentissage et s'occupait de les marier. Les compagnons, apprentis de Paris, qui épousaient une de ces filles, étaient reçus maîtres sans chef-d'œuvre et sans frais.

Les lits étaient en fer. Vers 1786 les revenus

diminués ne permettaient plus d'admettre que 80 pensionnaires.

LA MAISON DE SCIPION, *rue de la Barre.*

Hospice fondé en 1622 par Scipion Sardini, riche financier, qui le destina à des vieillards infirmes.

En 1636, cette maison fut donnée à l'Hôpital général [1], qui y établit sa boulangerie, sa boucherie et sa fonderie de chandelles.

Vers 1786, la maison de Scipion avait encore 72 pensionnaires.

L'HOSPICE SAINTE-CATHERINE, *rue Saint-Denis.*

Asile de nuit destiné aux femmes [2]. Toutes celles qui se présentaient étaient hébergées pendant trois nuits consécutives.

Deux salles au rez-de-chaussée renfermaient 16 grands lits, pouvant contenir chacun quatre personnes, et 5 petits lits pour une seule personne.

La maison recevait en moyenne 65 pauvres par jour.

Elle était dirigée par des sœurs Augustines qui s'étaient, en outre, donné pour mission d'ensevelir et de faire enterrer les indigents décédés en prison, ainsi que les gens noyés ou trouvés morts dans les rues de Paris.

LES FILLES DE LA PROVIDENCE OU DE SAINT-JOSEPH, *rue Saint-Dominique.*

Elles recevaient dès l'âge de dix ans des filles

[1] Voy. ci-dessus LA PITIÉ.

[2] Voy. ci-dessus LES HOSPITALIÈRES DE SAINT-GERVAIS.

pauvres, qu'elles gardaient jusqu'à ce qu'elles eussent atteint dix-huit ou vingt ans. Elles les mettaient en état d'entrer soit en religion, soit comme domestiques de confiance dans de grandes maisons.

Après avoir été pendant longtemps très prospère, cet établissement ne pouvait plus, en 1786, accepter qu'une cinquantaine de pensionnaires.

LE SAINT-NOM DE JÉSUS, *faubourg Saint-Laurent.*

Maison fondée en 1653, par saint Vincent de Paul et desservie par des sœurs de la Charité. Elle servait de retraite gratuite à des vieillards, qui ne devaient être ni infirmes ni mariés. Elle disposait de 36 lits, 18 pour hommes et 18 pour femmes.

L'établissement possédait un grand nombre d'outils, qui étaient à la disposition des pensionnaires, presque tous artisans.

LES OUVRIÈRES DE SAINT-PAUL, *passage Saint-Paul.*

Asile fondé par le curé de Saint-Paul. On y élevait gratuitement trente à quarante jeunes filles pauvres, à qui l'on enseignait divers métiers, le blanchissage et le raccommodage de la dentelle, la broderie, la tapisserie, etc.

Des religieuses de la Charité dirigeaient ce petit établissement, dont une princesse de Rohan avait été la principale bienfaitrice.

L'ENFANT-JÉSUS, *rue de Sèvres.*

Orphelinat fondé par la reine Marie Leszcinska et dirigé par des religieuses de Saint-Thomas de Villeneuve.

On y gardait, depuis huit ans jusqu'à vingt, 28 orphelines qui devaient prouver trois degrés de noblesse du côté de leur père et deux degrés du côté de leur mère.

« On préfère celles dont les parens ont été au service du Roi. On leur donne un entretien et une éducation dignes de leur naissance. On les occupe en même tems aux différens soins que demandent la boulangerie, les basses-cours, les laiteries, le blanchissage, le jardin, l'apothicairerie, la lingerie, les fileries et autres objets du ménage : ce qui les rend propres à devenir de bonnes mères de famille et à savoir gouverner les biens de campagne. L'habitude où elles sont de soulager, par mille petits services, les pauvres femmes et filles qui travaillent dans cette maison, les rend plus affables, plus humbles, plus officieuses et plus propres à la société. Elles sont vêtues de noir et en robes de Cour; quand elles sortent pour aller chez leurs parens, elles sont toutes en blanc. »

L'Enfant-Jésus est aujourd'hui l'hospice des Enfants malades.

La Filature de la paroisse Saint-Sulpice, *rue des Vieilles-Tuileries,* était une annexe de l'Enfant-Jésus. Seize orphelins y étaient élevés. En outre, on y recevait de pauvres femmes que l'on occupait à filer du coton et du lin. Elles arrivaient à la maison le matin, elles y étaient nourries et rentraient le soir chez elles. On compta jusqu'à quatre cents femmes ainsi secourues, mais ce nombre était fort diminué en 1786.

Un établissement de même nature avait été créé en 1777, rue de Bourbon-Villeneuve, par le lieutenant général de police.

La Filature de la paroisse Saint-André-des-Arts. Voy. ci-dessus, page 20.

L'Orphelinat de la Mère de Dieu, *rue du Vieux-Colombier.*

Maison destinée à des orphelins et à des orphelines, enfants légitimes nés et baptisés sur la paroisse Saint-Sulpice. Admis dès le maillot, on les mettait en apprentissage vers douze ou treize ans, et l'établissement ne cessait de les surveiller.

Il y avait 44 lits, 6 pour les garçons et 38 pour les filles. Les indigents seuls étaient reçus gratuitement, les autres devaient verser en entrant une somme de cent livres.

L'Orphelinat Beaujon, *faubourg du Roule.*

Fondé en juillet 1784, par Nicolas Beaujon, riche financier qui lui légua vingt-cinq mille livres de rente. Il était destiné à recevoir 24 orphelins, 12 garçons et 12 filles, que l'on admettait dès l'âge de six ans. Ils en sortaient vers treize ou quatorze ans, pour commencer leur apprentissage, dont les frais étaient encore supportés par l'établissement.

Le dortoir des garçons et celui des filles mesuraient chacun 18m35 de longueur, sur 5m35 de largeur et 4m25 de hauteur, la quantité d'air dont disposait chaque enfant était donc d'environ 32 mètres cubes.

Une infirmerie et une apothicairerie installées

dans un des bâtiments étaient surveillées par des sœurs de la Charité. On y pansait, à certains jours, tous les pauvres qui se présentaient.

Personnel logé : 6 sœurs de la Charité, 2 maîtres d'école (frères des Écoles chrétiennes), 2 domestiques, 1 portier.

La Convention transforma en hôpital cette maison, qui contient aujourd'hui plus de 400 lits dont 180 de chirurgie.

LES PRÊTRES DE SAINT-FRANÇOIS DE SALES.

Maison fondée en 1702, rue du Puits-l'Hermite, et transférée en 1753 à Issy.

Elle contenait 22 lits destinés à de pauvres prêtres.

« On ne leur fournit ni meubles, ni linge, à l'exception des draps et serviettes, ni habits, ni blanchissage, ni bois, ni chandelles. Le tout à moins qu'ils ne soient absolument pauvres, car la règle est que ceux qui obtiennent une place et qui n'ont aucun bien sont fournis de tout en général par la maison, et on leur laisse encore les honoraires de leurs messes.

Tous les sujets mangent à un réfectoire, et y sont servis par portions. Au reste, la nourriture en général y est honnête et suffisante, tant pour la quantité de viande que pour la boisson. Mais il seroit à souhaiter que la maison fût en état de fournir aux besoins des vieillards ; car, comme elle ne donne point de bois aux prêtres dans leur chambre, ceux qui n'ont pas le moyen sont obligés d'aller se chauffer à un poële qui est dans l'infirmerie. »

LES CONVALESCENTS, *rue du Bac.*

Fondée en 1652, cette maison était une annexe de la Charité, qui y envoyait ses convalescents. On les y gardait huit jours, durant lesquels ils avaient toute liberté de sortir pour chercher du travail. La vie y était très large. Chaque pensionnaire recevait par jour une livre de viande, deux livres de pain et une bouteille de vin.

« La fondation défend d'y recevoir :

1° Des prêtres, parce qu'ils ont leurs messes pour vivre.

2° Des soldats, parce qu'ils ont leur paye.

3° Des domestiques, parce qu'ils ont leur maître. »

Les fondations de lit coûtaient dix mille livres. Il y en avait 22 en 1788. Dix-huit d'entre eux étaient réunis dans une même salle, qui mesurait 19m25 de longueur sur 7m20 de largeur et 4m70 de hauteur. Chaque convalescent disposait donc d'environ 37 mètres cubes d'air.

L'ORPHELINAT DU SAINT-ENFANT JÉSUS ET DE LA MÈRE DE PURETÉ, *cul-de-sac des Vignes, dans la rue des Postes.*

Cette maison était administrée par des Filles de Saint-Thomas de Villeneuve. Elle était destinée à 15 orphelines, que l'on y acceptait dès l'âge de sept ans, et que l'on y conservait jusqu'à vingt ans.

MAISON DE VEUVES, *rue Montmartre.*

Huit petits logements destinés à de pauvres veuves. Ils se composaient, en général, d'une chambre, un cabinet et un caveau pour le bois. Les plus commodes s'obtenaient à tour de rôle et par ordre d'ancienneté. Les titulaires n'avaient d'autre avantage que le logement.

Maison de veuves, *rue Saint-Sauveur.*

Huit petits logements destinés à de pauvres veuves de la paroisse Saint-Sauveur. (Voyez l'article précédent). Cette fondation datait de 1425 et émanait d'un bourgeois nommé Jean Chenart. Ses héritiers en étaient restés propriétaires.

Maison de veuves, *rue du Sentier.*

Vingt petits logements. (Voyez les deux articles précédents).

ÉCLAIRCISSEMENTS.

I. Extrait des *Erreurs populaires*, par Laurent Joubert, XVIe siècle. — II. Extrait des statuts des chirurgiens, année 1699. — III. Extrait des statuts des chirurgiens, année 1768. — IV. *Règlemens généraux pour la compagnie de charité de la paroisse Saint-Eustache*, année 1723.

I

EXTRAIT DES *Erreurs populaires*, PAR LAURENT JOUBERT. XVIe siècle[1].

Chapitre XIII. Contre ceux qui craignent par trop la saignée, et ont opinion que la première sauve la vie.

D'autant que le sang est le thrésor de nature, aliment des esprits et le subject de la chaleur naturelle (qui gouverne le corps en toutes ses opérations), on fait bien de l'avoir cher et le garder soigneusement, comme estant nécessaire à l'entretien de noz forces et conservation de santé : dont il ne le faut laisser perdre facilement, en faisant peu de conte. Mais aussi on doit observer deux choses principa-

[1] Voy. ci-dessus, p. 9.

lement : l'une, qu'il soit bien pur et net de toutes immondices; l'autre, qu'il n'abonde rien trop, encor qu'il soit bon en toute perfection. Parce que s'il est débravé, immonde et laid, il nuit plus qu'il ne proffite : s'il est démesuré, il met ses vaisseaux en danger de crever et la chaleur de s'estaindre. Parquoy il ne faut rien craindre, quand il est si copieux, d'en vuider une partie, pour faire place au nouveau qui s'engendre incessamment. Aussi, quand il est eschauffé et bouillant à cause de la fièvre, si on ne luy faict ouverture pour expirer (comme on donne vent au vin nouveau), il met la personne en grand danger, et la tourmente estrangement. Quand il est corrompu des mauvaises humeurs et en grand'quantité, avant qu'il soit du tout gasté on en vuide quelque portion, afin de nettoyer plus aysément le reste par médecines : lesquelles séparent et trient de parmy le sang lesdites humeurs et les chassent dehors : dequoy elles méritent le nom de purgatives.

Il ne faut donc pas décrier simplement la saignée comme ennemie de nature, et l'avoir en telle horreur que plusieurs l'ont (suyvans Érasistrate, qui appelloit sanguinaires et estimoit meurtriers ceux qui la conseilloyent), puisque un grand nombre de maladies qui procédent des susdites causes ne peut estre aboly sans recourir à ce remède. Quand la fièvre est fort véhémente, le visage enflammé et les veines enflées, la saignée n'est elle pas requise? Si on est estranglé d'une squinance ou suffoqué d'une inflammation de poulmon ou d'une vraye pleurésie, il n'y a rien qui secoure plustost et interrompe si promptement le mal que la prompte saignée : laquelle généralement convient à tous désordres fais d'abondance et surcharge de sang quel qu'il soit, bon ou mauvais.

Je m'esbahy de quelques-uns, qui prendront plus volontiers vingt médecines que d'endurer une saignée leur estant nécessaire, veu sa grande commodité et non moindre facilité. Car on y peut observer justement la mesure qu'il nous plaist de vuider : on l'arreste quand on veut, et elle peut estre réitérée, pour n'affoiblir le malade à une fois. La médecine n'est pas de mesme. Car bien souvent elle vuide plus qu'on ne voudroit, et il n'est pas à nostre puissance de la faire cesser quand il nous plaist. Ce sont de grandes incommoditez, outre le mal de cœur, l'angoisse d'estomach et les grandes extorsions de ventre, qu'elles donnent le plus souvent. Or, quand on est phlébotomé, si on voit sortir du mauvais sang, il se faut persuader que le meilleur demeure dans le corps et se resjouyt de telle vuidange. Si le vuidé est beau, croyez que le demeurant est encore plus louable, et que cela y estoit de superflu.

Quelqu'un pourroit juger que ce moyen de curation est contre le devoir de Nature, laquelle a soin de conserver le sang comme un sien thrésor. Auquel nous respondrons que c'est elle mesme qui nous a enseigné qu'il faut en plusieurs maux user de ce remède. Car le flus de sang menstrual aux femelles nous monstre évidemment que l'abondance peut estre dommageable si elle n'est tantost évacuée. Et pourtant Nature mesme luy ordonne passage, non pas une fois l'an, mais tous les mois. Et si pour quelque empeschement ce sang est retenu, la femme s'en trouve mal. C'est une resverie de penser qu'il doit estre vuidé comme estant du tout inutile, mauvais et venimeux, veu qu'un enfant en est fort bien nourry dedans le ventre de sa mère. Autrement, pourquoy seroit-il supprimé durant la groisse[1], pouvant bien estre mis dehors sans toucher à l'enfant? C'est par les veines du cou de l'amarry[2], par où se purgent celles qui ont encore plus de sang que leur fruit n'en peut consumer. Pline raconte que les herbes touchées de tel sang meurent, et le fruict tombe des arbres sur lesquels monte la femme menstrueuse, que l'yvoire en perd sa lueur et le fer son tranchant, que les chiens pour en avoir gousté deviennent enragés, et s'ils mordent quelqu'un après, il n'en guérira jamais. Les autres disent que le sang des ladres n'est pas pire que cestuy-là. Je ne croy rien de tout cela, car il faudroit que les femelles eussent de plus estranges maux qu'elles n'endurent par la suppression de leurs menstrues, outre ce que l'enfant en seroit mal nourry. Il est doncques plus superflu de quantité que de mauvaise qualité, si ce n'est d'estre cru et phlegmatique. Celuy qui sort par les hémorrhoïdes est souvent plus mauvais que le sang menstrual, car c'est de la mélancholie, le pire des humeurs, et qui versé à terre la fait bouillir comme le fort vinaigre. Mais il est rarement syncère et pur. Car

[1] La grossesse.
[2] La matrice.

tout le plus gros sang aborde aux veines hémorrhoïdales, pour estre mis dehors quand Nature l'a ainsi ordonné, au grand profit de tout le corps.

Voilà deux sortes de vuidange de sang faictes par Nature, qui monstre bien évidemment ce que nous devons faire quand nous cognoissons le besoing et que Nature n'y peut pas advenir. Et si on dit que, és cas proposez, le sang est vuidé à raison de son vice tant seulement, on accorde par là que la saignée est profitable quand le sang est ensemblement vicieux et en grand abondance. Car s'il n'est que vicieux, il est retenu au corps pour la provision de sa nourriture, et n'est point rejetté. Mais que direz-vous de ce que bien souvent, le sang n'estant pas corrompu, Nature en met dehors une portion pour soulager les veines qu'il enfle outre mesure et alléger le corps d'une griefve pesanteur? C'est le profit que plusieurs sentent de saigner par le nez. Dont si nous voulons empescher et désaccoustumer Nature de ce passage là, il luy faut donner autre issuë par certains laps de temps, ainsi que nous le voyons abonder. Car autrement, d'avoir clos le passage, s'ensuyvroyent plusieurs maux : comme des veines qui se creveroyent dans l'estomac, au poulmon, ou ailleurs : dequoy procèdent le cracher et vomir de sang à quelques uns. Quoy? plusieurs maladies, autrement dangereuses, guérissent par grande effusion de sang au jour critique, et le mal de teste souvent se perd après qu'on a saigné du nez. Tous ces exemples monstrent bien que, suyvant l'œuvre de Nature, les médecins (qui ne sont que ses ministres) doyvent quelquefois amoindrir la quantité du sang qui menace divers maux ou les cause de faict. Serons-nous moins dociles que les bestes desraisonnables, lesquelles, aprises de nature, cognoissent l'utilité de la saignée ? Pline escrit que l'Hippotame, se sentant fort replet, cerche des cannes taillées fraischement, et trouvant une bonne pointe, il la presse contre sa cuisse pour ouvrir la veine : par ce moyen allégeant son corps, qui sans cela deviendroit tost malade. La chièvre aussi, ayant la veuë trouble, se blesse en l'œil d'un jonc poinctu, voulant descharger ceste partie d'une portion de sang : ainsi que le mesme auteur récite.

Il y a beaucoup de personnes qui ne reprennent la saignée, sinon pour autant qu'ils ont veu mourir des gens après qu'on les avoit saignés. Mais leur argument semblera fort légier (ou plustost ridicule) si nous sommes persuadés (comme il est vray) que toutes maladies ne sont pas guérissables, pour le regard du subject, et que celles qui sont nécessairement mortelles mesprisent tous remèdes : dont la saignée, bien qu'elle soit sagement ordonnée, n'y peut de rien servir, comme l'effect tesmoigne. Mais qui veut néantmoins attribuer l'occasion de mort à la phlébotomie pource que la mort l'a suivy, on luy pourra dire par semblable raison, que les gens meurent pour avoir disné, souppé ou dormy, d'autant qu'ils meurent quelque temps après. Si on voyoit mourir un homme cependant qu'on le saigne, il y auroit grand apparence que tel remède n'y convenoit pas ou qu'on l'a mal administré. Toutefois, il faut tousjours prendre en la meilheure partie ce que nous est incertain, et n'accuser légièrement de faute le médecin qui a ordonné la saignée, bien que le mal n'ayt prins fin à l'advantage du patient, et penser que la malice et grandeur de la maladie, et non pas le remède, anichilant les forces, l'a précipité à la mort. J'accorde bien que plusieurs fois on saigne mal à propos, et que les médecins ignares y commettent de lourdes fautes; toutesfois le vulgaire n'en peut et n'en doit juger, ou il fera souvent grand tort aux plus sçavans, car de tous indifféremment il en dira autant.

J'en ay ouy d'autres qui disent ne se vouloir accoustumer à ceste façon de remède, le réservant à quelque grand et extrême besoin, comme pour l'imminent danger de mort. Car ils ont ferme opinion que la première saignée sauve la vie infailliblement. Il est bien vray (il faut ainsi parler) qu'on ne meurt jamais de la première, car si on mouroit ceste fois-là, on ne seroit plus saigné, et par conséquent telle saignée ne seroit proprement dicte première, ains unique : d'autant que premier est relatif au second et aux autres ensuyvans. Mais que la première sauve la vie, comme ayant plus de propriété, c'est un erreur desja fort descouvert par longue expérience qui enseigne le contraire. Car on en voit tous les jours mourir de divers accidens, ausquels la première saignée n'a peu remédier, et mille personnes guérissent de fort estranges maladies par la phlébotomie, qui ont souvent usé de ce remède. Ceste opinion est par trop dangereuse et préjudiciable, d'autant que les maux sont petits à leur commencement et pour lors peu de malades se desfient de la guérison. Or ceux qui suyvent telle fantaisie, refusent la saignée aux premiers jours, la voulans réserver à plus grande maladie et à l'extrême nécessité. Cependant l'occasion (que Hippocras à bon droit appelle soudaine et prompte) nous eschappe; et puis, quand le patient, sentant l'extrémité, commence de s'y accorder, il n'est plus à propos. Touchant à l'accoustumance, tant s'en faut qu'elle puisse porter dommage, que plus tost elle nous y sert de beaucoup. Car celuy qui est coustumier à se faire tirer du sang (pourveu que la force n'en soit évidemment diminuée), il l'endurera plus gayement qu'un autre : tout ainsi que les maux ordinaires et jà accoustumé sont moins fascheux, suyvant l'aphorisme d'Hippocras : que ceux qui n'ont accoustumé des travaux, combien qu'ils soyent foibles et vieux, ils les portent mieux que les robustes et jeunes. Doncques il ne faut pas tant priser la première saignée, et la saignée en général ne doit estre ainsi suspecte au peuple quand un sçavant et sage médecin l'ordonne, puis que ce remède nous est enseigné de Nature, et est fort aysé, seur et profitable à plusieurs sortes de maux.

Chapitre xiv. *Qu'on peut saigner les femmes grosses, les enfans et les vieux.*

Le peuple a sçeu quelque fois des médecins qu'il est dangereux de saigner les femmes enceintes, les enfans et les vieux. Maintenant, si le médecin le veut faire, on estime que ce soit un acte nouveau, téméraire et hazardeux; et s'il advient que le malade meure, ce remède sera non seulement réprouvé, ains reproché bien aigrement : nonobstant que le mal, et non pas le remède, ait fait mourir le malade. Si on s'en trouve bien, c'est, à leur dire, plus de cas fortuit que de bonne conduite. Dequoy il ne se faut esbayr, puisque noz pères ont eu ceste mesme opinion et l'ont persuadé au peuple. Je dis, noz pères les médecins qui ont esté depuis deux ou trois cens ans. Ils entendoyent que Hippocras et les autres anciens avoyent enseigné que c'estoit une grand'faute; et combien que souvent la saignée leur semblast nécessaire, ils ne l'osoyent pas ordonner. Mais s'ils eussent bien leu les livres de ceux qui ont de plus près suivy les premiers médecins, et sont presque au milieu d'Hippocras et de nous (quant au temps de leur vie), grecs et latins, gens rares en sçavoir et consommés en méthodique expérience, ils eussent mieux entendu l'advis de noz bons autheurs, qui souloyent en peu de parolles creuëment escrire leurs reigles. Car pour signifier que la force du patient est sur tout requise au faict de la saignée, ils ont dit que les viellards et les enfans ne doyvent estre esgaux; et ont encor de plus près limité l'âge qui la peut endurer de quatorze jusques à soixante ans, pource que ceux qui demeurent dessous ce terme, ou qui le surpassent, communément n'ont pas conditions que y sont requises. L'ordonnance estant générale, de laquelle on peut dispenser et disposer particulièrement sans contrevenir à l'intention de ses autheurs : comme si on rencontre (ce qui advient bien souvent) un enfant de bonne charnure, ferme et espaisse, estant fort et vigoureux, ou un viellard robuste, lesquels ayent grand besoin de saignée, à cause de leur mal. Galen[1] nous a fait entendre qu'il ne se faut tant arrester au nombre des années qu'à la vertu : laquelle on peut comprendre du port esgal, véhément et grand, comme d'un signe tres véritable, et qui ne faut[2] jamais de tesmoigner asseurement la force. Et pourtant aux septuagénaires qui ont semblables ports, il permet la saignée si le mal le requiert, pource (dit il) qu'il y en a d'aucuns fort sanguins et robustes en l'aage de septante ans, comme il y en a d'autres à soixante qui ne la pourroyent supporter. Quand aux enfans, il n'a jamais permis qu'on les phlébotomast; non pas craignant de leur foiblesse (car ils ont plus de force vitale et naturelle qu'ils n'auront à vingt ou à trente ans), ains pour l'aisée dissipation de leur substance, rare et fort résoluble. Toutesfois on a esprouvé que souvent la saignée leur est profitable, voire aux moindres de six ans, comme plusieurs tesmoignent, et nous l'avons quelquesfois heureusement esprouvé. Avenzoar escrit avoir fait saigner son fils qui n'avoit pas trois ans, dont il se trouva bien. Et pourquoy en seroyent-ils du tout forclos, si mesmes estant en la mammelle quelquesfois ils saignent fort du nez, sans qu'il leur en prenne mal? Si Nature, de son mouvement, se descharge quelquesfois du sang aux enfans, le médecin, qui n'est que son ministre et imitateur, ne l'osera il entreprendre ? Un jeune enfant saignera plus d'un coup de poing au nez que nous n'en tirerons du

[1] Galien.

[2] Qui ne manque.

bras à une fois : car il faut avoir esgard sur tout à la quantité et adviser de ne leur en oster beaucoup. Dont à bon droit on pourra excuser nostre Galen, qui ne leur permet la saignée pource que de son temps ils la faisoyent fort grande : car pour un jour on eust tiré quatre livres de sang ; et il dit en avoir veu sortir jusques à six livres au profit du malade. Aujourd'huy c'est beaucoup d'en avoir trois ou quatre palettes (qui font dix ou douze onces) d'un jeune homme qui soit robuste, et des enfans en proportion. Encor entendons-nous que tels enfans soyent habitués de la charnure dessus mentionnée, outre ce que leur mal en doit faire instance.

Touchant aux femmes grosses, Hippocras a escrit que la saignée les met en danger, non pas de leur personne, ains d'avortissement[1], mesmes si l'enfant est grandet, pource qu'il est frustré de sa nourriture. Ainsi dit-il estre impossible que le fruict soit bien sain quand la mère a ses fleurs en bonne quantité durant la groisse. Mais quand on voit que la réplétion outrée, causée de grand'oisiveté, avec abondance de vivres et bonté de nature, menace d'estouffer l'enfant, pourquoy n'ostera-t-on du sang qui est trop abondant et dommageable? Si la mesme abondance, ou bien moindre, par une fièvre ardente est eschauffée outre mesure et commence à bouillir, faisant presque rompre les veines, n'oserons-nous (pour respect de la groisse) vuider un peu de sang et esventer la veine, quand la femme

[1] D'avortement.

grosse brusle de fièvre?... Et comment pourroit estre sain l'enfant dans le brasier de sa mère? Quel aliment luy donnera le sang qui boult? Il faut par tous moyens estaindre ce grand feu pour soulager la mère et l'enfant. Hippocras nous permet de purger une femme grosse, depuis le quart mois jusqu'au septiesme, à quoy tous nos docteurs consentent. Si donc la femme enceinte peut, sans aucun dommage, endurer la purgation, laquelle agite, trouble et esbranle le corps sans comparaison plus que la phlébotomie, pourquoy n'oserons-nous user de la saignée quand il en sera de besoin. Mesmes considéré que c'est un des remèdes le plus seur et aisé? Car on sort tant de sang qu'on veut, et non plus, comme estant en nostre puissance de l'arrester à chasque goutte, ce que ne pouvons pas des médecines quand elles vuident plus que nous ne voulons...

Celse (qui fut du temps d'Auguste, il y a plus de mille et cinq cens ans) a fort bien remonstré qu'il ne faut rien plus considérer que la vertu de ceux qu'on doit saigner, disant : De tirer du sang aux femmes qui ne sont pas enceinctes et aux jeunes personnes, cela est vieux; d'esprouver le mesme aux enfans, aux vieillards et aux femmes grosses, il est nouveau. Car les anciens ont estimé que le premier et dernier aage ne pouvoit endurer tel remède, et s'estoyent persuadez que la femme avorteroit d'estre ainsi traictée durant sa groisse. Depuis, l'usage a démonstré que ces reigles ne sont générales et sans exception, ains qu'il y faut adjouster quelques meilleures observations, ausquelles soit addressé le jugement du guérisseur.. Car il ne se faut pas arrester à l'aage, ni à ce qu'on porte, mais aux forces tant seulement. Donc, si la personne jeune se treuve foible ou la femme qui n'est pas grosse a peu de force, on faict mal de leur tirer du sang, parce que la vertu qui reste en languit et se meurt. Mais un enfant bien ferme, un vieillard fort robuste et la gaillarde femme enceincte en peuvent seuremeut guérir...

CHAPITRE XV. *Contre ceux qui témérairement et trop souvent usent de la saignée.*

Ce que je viens de remonstrer au précédent chapitre pourroit entretenir l'erreur de ceux qui trop volontiers usent de la saignée sans aucune discrétion. J'en voy plusieurs qui, pour peu de mal qu'ils se sentent, soudain veulent estre saignez; et il y a des barbiers outrecuidez qui, sans advis de médecin, usurpent ce remède à tout propos. Il est fort singulier quand on le sçait accommoder, mais le seul médecin (comprenant soubs ce nom le docte chirurgien) en doit avoir la charge, car il faut estimer la force du malade et la grandeur du mal présent ou advenir, qui sont les deux conditions concluantes à la saignée. Or c'est un grand dommage de saigner indiscrettement et sans besoing, parce qu'à la nécessité on n'y peut recourir, le corps estant plus espuisé qu'il ne devroit et affoibly par le gast des esprits : lesquels se perdent et versent en quantité notable quand on vuide beaucoup de sang. Dont il advient que le corps estant refroidy, les opérations naturelles sont mal exécutées. Parquoy Galen disoit bien qu'il n'est expédient de saigner plusieurs fois l'année. Celse parlant en général donne ce conseil, qu'on doit estre advisé de ne consumer en santé les remèdes qui appartiennent aux maladies. Ainsi en temps de paix il ne faut gaster les provisions et munitions de guerre, de peur d'en avoir faute au besoing. Le sang est thrésor de Nature, lequel on ne doit jetter hors que pour sauver le demeurant : comme quand le mal est si grand et impétueux qu'il peut tout faire perdre. Ainsi les marchands, en l'extrême fureur de la tempeste et des orages sumergeant, ne font pas difficulté de perdre leurs richesses pour alléger la nef et sauver leurs personnes. Il n'est pas permis de saigner que la grandeur du mal présent ou advenir (comme nous avons dit) ne le suade, et que la force y consente, estant suffisante à soustenir le corps après la phlébotomie. Si l'un des deux y manque, c'est mal faict de saigner : veu mesmement que la seule replection et abondance de sang (sinon qu'elle menassast de quelque fascheux accident) ne suffit à persuader ce remède...

Il faut diligemment observer de ne tirer du sang indiscrettement à toutes personnes, en toutes régions et en toute saison, ce que le peuple n'entend pas. Les gens maigres à grosses veines ont beaucoup plus de sang que les gras, qui par conséquent ne supportent si aysément la saignée. Es pays froids, les gens sont grands mangeurs et beuveurs (mesmement de chair et de vin), abondent en nourriture, dont il advient qu'ils engendrent beaucoup de sang, et peuvent supporter la saignée plus que ceux des régions contraires. Car la chaleur dissoult l'union de noz forces et alanguit le corps, outre ce qu'elle dissipe nostre substance, et ne permet faire provision de beaucoup d'humeur. Voilà pourquoy les gens sont fort petits et graisles ez régions plus chaudes, et ne peuvent (sans préjudice de leur santé) endurer la saignée ny beaucoup, ni souvent.

Touchant à la saison, si c'est pour prevenir les maux, Hippocras nous enseigne qu'on doit saigner au printemps : parce qu'adonc le sang abonde et la force est plus grande, à cause de l'air tempéré. Mais si en autre temps on a besoing de saignée, il n'en faut faire difficulté, pourveu qu'on ait ce respect d'y estre plus chiche, et surtout en esté. En quoy se faillent lourdement les empiriques, qui sans discrétion saignent prodigalement ez fièvres ardentes qui règnent sous la canicule. Je diray encor cela pour conclusion, qu'il ne faut moins de jugement et suffisance à bien ordonner la saignée que la purgation : veu mesmement que la purgation affoiblit moins le corps quand la vertu de la médecine et la force du patient sont cognues et les humeurs bien préparez. Car les fautes qui en peuvent advenir ne sont de telle importance que celles de la saignée. Aussi faut-il qu'elle soit diligemment observée et prudemment dispensée, comme plus grand remède que la purgation. Car Galen en prive les enfans, ausquels toutefois il permet les médecines. Doncques il n'en faut user si familièrement comme j'en voy plusieurs, qui se font saigner comme par gayeté de cœur; et le magistrat devroit interdire aux barbiers d'exécuter cela sans l'ordonnance des médecins.

II

EXTRAIT DES STATUTS DES CHIRURGIENS [1]

Année 1699

ARTICLE 113. Aucune aspirante en l'art des accouchemens ne sera admise à l'examen pour la maîtrise si elle n'est de bonne vie et mœurs, de la religion catholique, apostolique et romaine, fille de maîtresse de la ville et fauxbourgs de Paris, ou apprentisse : sçavoir de trois années chés l'une des maîtresses sages-femmes de Paris, ou de trois mois à l'Hôtel-Dieu. Et seront les aspirantes de l'une ou de l'autre qualité conduites et présentées par les jurées sages-femmes du Chastelet, qui ne pourront prendre aucun droit d'inscription s'il n'en est convenu par écrit avec les aspirantes.

ARTICLE 114. Les brevets d'apprentissage qui se feront pour trois ans chés les maîtresses sages-femmes de Paris seront enregistrés au greffe du premier chirurgien du Roy, dans la quinzaine de leur passation, à peine de nullité. Et à l'égard des apprentisses de l'Hôtel-Dieu, elles se présenteront à la maîtrise sur un simple certificat des administrateurs, qui sera attesté par la maîtresse et principale sage-femme de l'Hôtel-Dieu.

ARTICLE 115. Les aspirantes de toutes qualités

[1] Voy. ci-dessus, p. 74.

présenteront leurs requêtes au premier chirurgien du Roy ou à son lieutenant, signées d'elles et de l'une des quatre jurées sages-femmes en titre d'office qui sera de tour. A laquelle seront joints leur extrait baptistaire, certificat de leur vie et mœurs, leur brevet d'apprentissage, leur contract de mariage ou l'acte de célébration d'iceluy (si elles ne sont filles). Et tant les unes que les autres seront au moins de l'âge de vingt ans.

Article 116. Si la jurée sage-femme étoit refusante de signer la requête et d'assister l'aspirante à ses examens, elle sera renvoyée au plus prochain jour, pour être reçue dans l'assemblée de la communauté des chirurgiens, tant en présence qu'absence de la jurée, en raportant l'acte de sommation qui luy aura été signifiée à la requête de l'aspirante.

Article 117. La requête sera répondue, par le premier chirurgien du Roy ou son lieutenant, d'un soit communiqué aux prévôts en charge, pour y donner leur consentement. Après quoy, l'aspirante sera tenue de se représenter à S. Cosme au jour et à l'heure que ledit premier chirurgien du Roy ou son lieutenant luy aura donné pour son examen, et de faire avertir par le clerc de la communauté ceux qui doivent y être présens.

Article 118. L'examen de chaque aspirante se fera seulement par le premier chirurgien du Roy ou son lieutenant, les quatre prévôts en charge, les quatre chirurgiens et les quatre jurées sages-femmes du Châtelet, en présence du doyen de la Faculté de médecine, des deux médecins du Châtelet, du doyen de la communauté, et des huit maîtres : sçavoir du receveur en charge, des deux prévôts et du receveur qui en sortiront nouvellement, de deux maîtres du conseil et de deux maîtres de la classe en tour, chacun à son rang. Et les aspirantes qui auront subi cet examen, et y auront été jugées suffisantes et capables, seront reçues sur le champ au serment ordinaire, par le premier chirurgien de sa Majesté ou son lieutenant, en payant les droits spécifiés en l'article 127 cy-après.

Article 119. Aucune sage-femme ne pourra exercer ledit art, ni être pourvue de l'une des charges de jurées en titre d'office du Châtelet de Paris, si elle n'a été reçue à S. Cosme en la forme cy-dessus prescrite.

Article 120. Les jurées sages-femmes en titre d'office du Châtelet, qui se feront nouvellement pourvoir, seront tenues de présenter leurs provisions au premier chirurgien du Roy ou à son lieutenant, qui les communiquera aux prévôts en charge, pour consentir l'enregistrement qui en sera fait au greffe du premier chirurgien du Roy en la manière accoutumée.

III

EXTRAIT DES STATUTS DES CHIRURGIENS[1]

Année 1768

Article 130. Toute aspirante à l'art des accouchemens sera obligée d'en faire apprentissage de trois années chez un maître en chirurgie ou une maîtresse sage-femme de la ville et faubourgs de Paris, ou de trois mois à l'Hôtel-Dieu de ladite ville, à moins qu'elle ne soit fille de maîtresse sage-femme et qu'elle n'ait exercé pendant trois ans au moins sous les yeux de sa mère. Aucune ne pourra être admise à l'examen si elle n'est âgée au moins de vingt ans, de la religion catholique, apostolique et romaine. Et seront les aspirantes conduites et présentées par les jurées sages-femmes du Châtelet, lesquelles ne pourront prendre aucun droit d'inscription s'il n'en est ainsi convenu par écrit entr'elles et les aspirantes.

Article 131. Les brevets d'apprentissage qui se feront pour trois années chez les maîtres en chirurgie ou chez les maîtresses sages-femmes de Paris seront enregistrés au greffe de notre premier chirurgien, dans la quinzaine de leur passation, à peine de nullité. Pour lequel enregistrement sera payé la somme de dix livres au receveur du collège, au profit de la bourse commune, et trois livres au greffier. Et à l'égard des apprentisses de l'Hôtel-Dieu, elles se présenteront à la maîtrise sur

[1] Voy. ci-dessus, p. 110.

un simple certificat des administrateurs, du chirurgien-major, et de la maîtresse et principale sage-femme dudit Hôtel-Dieu.

Article 132. Les aspirantes qui voudront se faire admettre à la maîtrise en l'art des accouchemens présenteront à notre premier chirurgien ou à son lieutenant leur requête signée d'elle et de l'une des quatre jurées sages-femmes en titre d'office, qui sera de tour. A laquelle requête seront joints l'extrait baptistaire de l'aspirante, son attestation de bonne vie, mœurs et religion, son brevet d'apprentissage, le certificat d'un cours d'accouchemens ; et en cas qu'elles soient mariées, l'acte de célébration de leur mariage.

Article 133. En cas de refus de la part de la jurée sage-femme de signer la requête et d'assister l'aspirante à ses examens, celle-ci sera renvoyée au plus prochain jour, pour être reçue dans l'assemblée des maîtres dudit collège, tant en présence qu'en absence de la jurée, en rapportant l'acte de sommation qu'elle aura fait signifier à ladite jurée sage-femme, pour constater son refus.

Article 134. La requête sera répondue par notre premier chirurgien ou son lieutenant d'un *soit communiqué aux prévôts.* Après quoi l'aspirante sera tenue de se présenter au collège, au jour et à l'heure que notre premier chirurgien ou son lieutenant lui aura indiquée pour son examen, et de faire avertir par l'appariteur du collège ceux qui doivent y être présens.

Article 135. L'examen de chaque aspirante sera fait seulement par notre premier chirurgien ou son lieutenant, les quatre prévôts, les quatre chirurgiens du Châtelet, et les quatre jurées sages-femmes dudit Châtelet, en présence du doyen de la Faculté de médecine, des deux médecins du Châtelet, du doyen du collège de chirurgie, et de huit maîtres dudit collège, savoir : du receveur, des deux prévôts nouvellement sortis d'exercice, du dernier receveur et de quatre maîtres du conseil, à tour de rôle. Les aspirantes qui auront été jugées capables par la voie du scrutin seront reçues sur le champ, et notre premier chirurgien ou son lieutenant leur fera prêter le serment ordinaire.

Article 136. Aucune sage-femme ne pourra exercer son art, ni être pourvue de l'une des charges de jurées en titre d'office du Châtelet de Paris, si elle n'a été reçue au collège de chirurgie, en la forme prescrite ci-dessus.

Article 137. Les jurées sages-femmes en titre d'office du Châtelet, qui se feront pourvoir, seront tenues de présenter leurs provisions à notre premier chirurgien ou à son lieutenant, qui les communiquera aux prévôts, pour en consentir l'enregistrement, lequel en sera fait au greffe du premier chirurgien en la manière accoutumée.

Article 138. Toutes sages-femmes, tant du Châtelet qu'autres, ne pourront avoir plus d'une apprentisse à la fois, et ne pourront aussi prêter leur nom pour autoriser d'autres femmes à travailler dans l'art des accouchemens, à peine de cinquante livres d'amende.

IV

RÈGLEMENTS GÉNÉRAUX

POUR LA COMPAGNIE DE CHARITÉ DE LA PAROISSE SAINT-EUSTACHE[1].

CHAPITRE PREMIER

DE L'ADMINISTRATION.

I. — La compagnie, qui est composée de M. le curé, premier administrateur né; d'un magistrat de cour souveraine, administrateur honoraire; de trois administrateurs en charge, et de tous les anciens administrateurs, s'assemblera à l'avenir les premiers et troisièmes dimanches de chaque mois, à l'issue de la messe de paroisse, à l'effet d'examiner, recevoir et enregistrer les enfans de l'un et de l'autre sexe qui seront présentez pour être reçus dans les écoles de charité, et pour traiter des affaires et assistances des pauvres.

II. — Les assemblées se tiendront au bureau de la compagnie, dans la maison où elle loge les sœurs de la Charité.

III. — L'élection d'un nouvel administrateur comptable, où messieurs les marguilliers en charge seront mandez, se fera tous les ans le 23 décembre, à l'issue du salut de l'O de Noël. Il sera toujours pris d'entre les principaux bourgeois et marchands

[1] Paris, 1723, in-8°. — Voy. ci-dessus, p. 229.

de la paroisse, à l'exception de ceux qui auront déjà passé par les charges de ladite paroisse, et sera en la manière accoutumée trois années en charge. Dans la seconde desquelles il fera toute la recette et dépense, et assistera les jours ordinaires, avec les deux autres administrateurs en charge, au banc de la compagnie à la chapelle de la Vierge, pour y recevoir les aumônes qui se font en faveur des pauvres honteux malades et des écoles de charité.

IV. — Tous les deniers destinez pour le soulagement et assistance desdits pauvres, pour l'entretien desdites écoles et pour le lait et farine des pauvres enfans à la mamelle, les aumônes et dons qui seroient mis par des personnes charitables entre les mains de quelque personne de la compagnie des dames ou des sœurs de la Charité, seront rapportez par ceux ou celles qui les auront touchés, à la masse du fond entre les mains de l'administrateur en recette, qui s'en chargera sur le livre qu'il tiendra de sa recette et dépense.

V. — Il y aura un nouveau livre des délibérations, à la tête duquel les présens règlemens seront inscrits, et les délibérations prises dans les assemblées ordinaires ou extraordinaires, lesquelles seront signées de ceux qui y auront assisté...

CHAPITRE SECOND

DES DAMES DE CHARITÉ.

I. — Les assemblées des dames de charité pour le soulagement des pauvres malades continueront de se tenir en la manière accoutumée au logis de M. le curé.

II. — Toutes les dames, demoiselles et bourgeoises de la paroisse sont invitées d'être de l'assemblée, et de s'unir en esprit de charité à leur pasteur et à la compagnie, pour honorer et secourir Jésus-Christ en la personne des pauvres. Il n'y en a guères qui ne doivent entrer dans cet esprit, pour peu qu'elles fassent profession de piété et qu'elles la veuillent montrer par leurs œuvres. Celles mêmes qui ne jugeront pas à propos d'y faire leurs aumônes, ne doivent pas laisser d'y venir, tant pour leur édification particulière que pour l'édification des autres par leurs bons exemples.

III. — Il y aura une dame supérieure de l'assemblée et une trésorière, qui seront élues de leur agrément par la compagnie assemblée.

IV. — Madame la supérieure sera priée de se trouver aux assemblées, tant pour le bon exemple que pour prendre connoissance de ce qui concerne le soulagement des malades, et les protéger de son crédit. Elle sera aussi priée de vouloir inviter les dames de sa connaissance de venir aux assemblées, de prendre un ou plusieurs jours de chaque semaine ou de chaque mois pour faire la dépense de la marmite des pauvres malades, et d'engager des quêteuses pour les jeudy, vendredy et samedy de la semaine sainte.

V. — Madame la trésorière, qui pourra se choisir une ou deux personnes pour se faire aider en cas qu'elle se trouve surchargée, aura soin de faire faire les autres quêtes qui se font à chaque porte de l'église pendant la quinzaine de Pâques, qui, comme celles des trois jours cy-dessus marquez, sont uniquement pour les pauvres malades, de prier les quêteuses, conjointement avec celles des dames de l'assemblée qui voudront bien s'y employer, de recevoir le produit des quêtes et de faire celles des assemblées de dames.

CHAPITRE TROISIÈME

FÊTE DE LA COMPAGNIE, ET DES SERVICES DES DÉFUNTS.

I. — La compagnie prendra à l'avenir pour sa fête principale celle de la Visitation de la sainte Vierge, le deuxième juillet. Il y aura premières vêpres la veille, le jour grande messe et vêpres, et le lendemain un service solennel pour tous les défunts administrateurs, dames de charité et bienfaicteurs.

II. — Après le décès de quelqu'un des administrateurs, des dames supérieure ou trésorière, ou qui l'auront été, il sera aussi fait un service solennel pour le repos de leur âme, auquel la compagnie et les familles des défunts ou défuntes seront invitées.

III. — Il en sera fait de même après le décès des bienfaicteurs.

IV. — Il sera aussi tous les ans, le dernier jour de l'année, célébré un service solennel pour tous les pauvres de la paroisse décédés dans le courant de l'année, outre lequel il sera aussi dit pour le repos de leurs âmes une messe basse tous les premiers lundis de chaque mois.

CHAPITRE QUATRIÈME

DES SOEURS DE LA CHARITÉ.

I. — Lorsque quelque sœur de la Charité viendra sur la paroisse, elle se présentera à M. le curé et à la compagnie en la plus prochaine assemblée qui sera tenue après son arrivée; et lorsqu'on en retirera quelqu'une, elle prendra aussi congé de l'un et de l'autre.

II. — Suivant leur établissement et l'esprit de monsieur Vincent[1], leur instituteur, elles auront une grande soumission pour M. le curé et pour toutes les autres personnes de la compagnie; elles écouteront les pauvres avec douceur, sans chagrin, sans mépris, sans impatience, et sans les rebuter.

III. — Le nombre des pauvres de la paroisse étant trop grand pour qu'elles puissent porter la portion chez les malades, elles en feront la distribution tous les matins à neuf heures précises dans la maison de la Charité, où les malades l'envoyeront quérir.

IV. — La distribution sera précédée de la prière, qui sera le *Veni sancte spiritus,* l'Oraison dominicale, la Salutation angélique, une prière pour les pauvres malades et celles pour les bienfaicteurs vivans et défunts.

V. — Les administrateurs en charge se trouveront le plus souvent qu'ils pourront à la distribution des portions, du moins chacun pendant une se-

[1] Vincent Depaul. Il ne fut canonisé qu'en 1737.

maine alternativement, et examineront si on ne contrevient en rien aux règlemens, et si les malades sont reçus sans acception de personne. Ce que pourront pareillement faire toutes les autres personnes de la compagnie, quand elles le jugeront à propos.

VI. — Les sœurs continueront à écrire tous les matins, après que l'on aura distribué la portion, le nom, la qualité et la demeure des malades qui seront à recevoir. Elles examineront s'ils sont de la qualité pour être admis, et si elles en doutent, elles iront l'après-dînée les visiter. Elles marqueront sur le registre le jour que l'on aura commencé et cessé de donner la portion.

VII. — Elles ne donneront point la portion aux malades le troisième jour de leur réception, si ils ne se sont confessez, supposé qu'il y ait du temps qu'ils ne l'ayent fait.

VIII. — Elles avertiront la compagnie si les médecins et le chirurgien ne font pas leur devoir à l'égard des pauvres.

IX. — Elles donneront tous les jours le nom et la demeure des pauvres malades aux médecins qui les viendront prendre à la maison de la Charité. Elles délivreront les cartes pour les saignées que les médecins ordonneront.

X. — Elles ne recevront aucune ordonnance que des médecins de la Charité.

XI. — Elles ne donneront point de médicamens à ceux qui ne voudront point les bouillons de la Charité.

XII. — Elles ne donneront point de médicamens aux malades que par ordres écrits des médecins.

XIII. — Elles donneront tout leur temps aux pauvres malades, et rendront compte aux administrateurs et à la trésorière si ils sont de la qualité ou non pour être admis.

XIV. — Elles auront soin de faire dans les temps, avec l'avis des médecins, les sirops, drogues et confitures nécessaires, de préparer tous les remèdes ordonnez pour les seuls pauvres reçus à la Charité, et de les leur faire prendre en leur présence, afin qu'ils ne soient pas perdus.

XV. — Elles prêteront aux malades qui n'auront point de linge pour se changer, des draps, chemises et le reste; et elles prendront leur précaution pour le faire avec sûreté.

XVI. — Elles veilleront à ce que les confesseurs soient avertis quand les médecins diront que les malades sont en danger.

XVII. — Elles prépareront les chambres quand les malades recevront le saint Sacrement, et elles y mettront croix, chandeliers, cierges et nappe sur la table, et elles auront soin de tout retirer après que l'on aura reporté le saint Sacrement.

XVIII. — Elles remettront tous les jours d'assemblées ordinaires entre les mains de l'administrateur en recette tout l'argent qu'elles auront reçu pour les pauvres, dont elles tiendront état, et lui marqueront la destination générale ou particulière, afin qu'il la fasse selon qu'il aura été marqué.

XIX. — Elles auront le double de l'état des meubles de la Charité qui seront dans la maison, de peur qu'il ne s'en perde quelqu'un. En cas que l'on ait besoin d'en avoir de nouveaux, elles en donneront avis à la compagnie, afin d'y être pourvu.

XX. — Elles iront recevoir l'argent des messieurs et des dames qui voudront bien en donner par mois ou par quartier pour faire la dépense de la marmitte ou pour y contribuer.

XXI. — Elles ne recevront aucun ordre contraire aux règlemens sans en avertir la compagnie.

CHAPITRE CINQUIÈME

DES MÉDECINS ET DU CHIRURGIEN.

I. — Les médecins seront docteurs de la Faculté de Paris, demeurans sur la paroisse, et visiteront régulièrement les malades de deux jours l'un dans les maladies ordinaires; mais lorsqu'elles seront périlleuses, ils les verront aussi souvent que la grandeur du mal le requerra.

II. — Ils prendront tous les jours en la maison de la Charité les noms et demeures des pauvres écrits le même jour, et seront très-exacts à faire leur première visite sans délai, afin de s'assurer de l'état et de la maladie et d'ordonner ce qui sera nécessaire.

III. — Ils rendront compte de temps en temps aux administrateurs et à la trésorière de la manière dont les malades sont assistez.

IV. — Ils marqueront aux sœurs ce qu'il faudra donner à chaque malade, soit portion, demie portion, œufs ou bouillons, les médicamens, etc.

V. — Ils donneront le mémoire des remèdes et

syrops dont ils ont besoin, afin que les sœurs qu'ils aideront de leurs avis les fassent dans les temps propres.

VI. — Ils iront la veille du carême visiter toutes les personnes à qui la Charité donne de la viande, pour examiner celles qui en ont besoin ou d'œufs seulement, et ils en feront leur rapport aux administrateurs ou à la trésorière.

VII. — Ils avertiront de faire donner les sacremens aux malades conformément aux ordonnances.

VIII. — Il y aura, comme par le passé, un chirurgien juré reçu à S. Cosme, demeurant sur la paroisse, qui fera toutes les saignées des pauvres malades, sur les cartes que les sœurs leur délivreront.

IX. — Il passera ou envoyera tous les jours à la maison de la Charité pour prendre les noms et demeures des malades auxquels les médecins auront ordonné des saignées, qu'il sera tenu de faire ponctuellement, surtout celles qui seront pressées.

X. — Les pensemens se feront sur les billets des administrateurs ou de la trésorière.

XI. — Il sera payé sur les cartes et billets susdits, en les rapportant lors du payement.

CHAPITRE SIXIÈME

DE LA QUALITÉ DES PAUVRES QUI DEVRONT ÊTRE ASSISTEZ.

I. — La compagnie étant particulièrement établie pour les pauvres honteux malades, tels que sont les marchands, artisans, maîtres de métiers et autres de la paroisse qui gagnent leur vie par diverses industries équipolentes à un métier, ceux-là seront toujours les premiers et les plus véritables objets de la compagnie.

II. — Lorsque les fonds de la Charité se trouveront suffisans, on pourra encore assister tous les autres malades, soit que leur fièvre soit continue ou intermitante, hommes et femmes, garçons et filles, pourvu qu'ils soient dans leurs meubles et demeurans dans la paroisse au moins depuis plus de six mois.

III. — Les femmes en couches seront assistées quinze jours au plus; au cas qu'il fût nécessaire de proroger ce terme, on le fera sur l'avis des sœurs et le consentement des administrateurs. On cessera de donner la portion si l'enfant n'a été baptisé après les deux jours de sa naissance.

IV. — Les enfans ne seront point assistez, lorsqu'en âge de faire leur première communion on aura négligé de la leur faire faire.

V. — Si les personnes qui demanderont la portion se disent mariez, les sœurs verront les certificats de mariage ou s'en assureront par des personnes de probité.

VI. — On n'assistera point ceux qui sont de mauvaise vie, les yvrognes, les jureurs, ceux qui ne font point leurs Pâques, ceux qui demeurent dans de mauvais lieux, quoiqu'ils ne soient pas eux-mêmes de mauvaise vie, afin de les obliger d'en sortir; ceux qui mandient, les fainéans, les paresseux qui ne veulent pas travailler, ceux qui font mauvais ménage, les maris qui maltraitent leurs femmes, ceux qui se déguisent dans le carnaval ou qui souffrent que leurs enfans se déguisent, qui ne les envoyent pas aux catéchismes et aux écoles de la paroisse, et généralement ceux qui ne seront pas jugez dignes par la compagnie pour autres causes et motifs qui doivent les exclure de la Charité.

VII. — Les motifs d'exclusions cesseront lorsque les pauvres seront rentrez dans leur devoir.

VIII. — L'objet de la compagnie n'est point aussi d'assister ceux qui logent à la semaine, ceux qui étant seuls dans une chambre n'ont personne pour les soulager, ni ceux qui ont des maladies incurables.

IX. — Lorsque les maladies de ceux qui seront assistez dureront plus de trois semaines ou un mois, les sœurs s'y rendront plus attentives, et les feront visiter de nouveau par les médecins de la Charité. Ensuite de quoi elles en donneront avis à la compagnie, afin qu'elle les fasse porter à l'Hôtel-Dieu si elle le juge à propos.

X. — Les sœurs y feront porter aux dépens de la compagnie, dans la chaise à ce destinée, tous les pauvres qui ne se trouveront point de la qualité requise pour être admis à la Charité.

CHAPITRE SEPTIÈME

DES ÉCOLES.

I. — L'éducation des enfans étant un des plus grands biens que l'on puisse faire dans la paroisse, il y aura autant d'écoles que les fonds de la compagnie le permettront. Elles seront pour la commodité des enfans en différens quartiers de la paroisse. Ainsi qu'il a été fait jusqu'ici, on n'y recevra que les enfans dont les parens n'auront pas le moyen de les faire instruire.

II. — Tous les maîtres et maîtresses seront commis à leurs emplois par la compagnie, qui les examinera pour voir s'ils ont les talens nécessaires pour les remplir utilement.

III. — Ils ne recevront aucun enfant sans un billet de réception signé d'un des administrateurs. Ils n'en congédieront aussi aucun, pas même les incorrigibles, sans en avoir préalablement donné avis à la compagnie, ou aux administrateurs en charge si le sujet d'exclusion étoit si grave et pressant qu'il ne pût permettre d'attendre le jour d'assemblée : à la charge toujours aux maîtres et maîtresses de faire rapport à l'assemblée suivante de ce qui aura été fait.

IV. — Les maîtres et maîtresses se rendront au moins une fois le mois aux assemblées ordinaires de la compagnie, pour y rendre compte de leurs écoles.

V. — Les enfans seront instruits uniquement par charité, et les maîtres et maîtresses ne recevront quoi que ce soit d'eux ni de leurs parens.

. . . .

DU MÊME AUTEUR :

Les anciens plans de Paris, notices historiques et topographiques. 2 vol. in-4°.

Les sources de l'histoire de France. Grand in-8° à deux colonnes.

Dictionnaires des noms, surnoms et pseudonymes latins de l'histoire littéraire du moyen âge. Grand in-8° à deux colonnes.

PARIS

TYPOGRAPHIE DE E. PLON, NOURRIT ET Cie

Rue Garancière, 8

www.ingramcontent.com/pod-product-compliance
Lightning Source LLC
Chambersburg PA
CBHW050509270326
41927CB00009B/1961

9782013515856